監修者——佐藤次高／木村靖二／岸本美緒

［カバー表写真］
シェーンブルン宮殿
〈ベルナルド・ベロット〈カナレット〉画，1759/61年〉

［カバー裏写真］
市内郵便の配達人
（1770年代）

［扉写真］
ウィーン市内,デア・ホーエ・マルクト
（カール・シュッツ画，1793年）

世界史リブレット74

啓蒙都市ウィーン

Yamanouchi Yoshiko
山之内克子

目次

「光の世紀」と啓蒙専制主義

十八世紀のヨーロッパ世界は、啓蒙主義という、一つの共通した思想によって染め上げられようとしていた。十七世紀後半以降における近代自然科学の成立は、合理主義的な視野と思考様式を生み出し、これが、やがて政治、経済、宗教、歴史の領域にも確実に影響をおよぼしていった。すなわち、科学と理性の力をつうじてこそ、人間は、宗教的盲信や封建的支配の桎梏《しっこく》から解き放たれ、そして、精神、肉体ともに自由で、優れて理知的な存在として、未来に向けてよりよい社会を築いていくべきことが、繰り返し強調された。

人間社会の不断の進歩を確信し、ひたすら「よりよき世界」を憧憬して、政治家、知識人たちは、「改革」を重要なキーワードとして熱心な議論を展開した。モンテスキュー▲、そしてルソー▲が提示した三権分立の理想と社会契約説、また、ディドロおよびダランベールによって成立をみた『百科全書』▲など、この時期に形成された新しい知識と思想は、まさに、近代における学問や諸制度の礎を築くことになった。

　こうして、激しい戦乱や疫病流行があいついだ暗い時代のあとで、いまや、理性の明るい光がヨーロッパを煌々《こうこう》と照らし出そうとしていた。「啓蒙」の概念を、田舎の街道に朝日が昇る、夜明けの情景によって象徴しようとした銅版画家、ホドヴィエツキ▲をはじめ、多くの思想家、文学者が、新しい時代を「光」の比喩によって表現した。十八世紀は、同時代人の希望と期待のなかで、まさに、理性と啓蒙が支配する、「光の世紀」▲として賛美されたのである。

　イギリス、フランスからスペイン、ロシアにいたるまで、全ヨーロッパを席巻した啓蒙思想は、理知主義、コスモポリタニズムなど、思潮としての共通性を保持しながらも、個々の地域にそくしてみれば、その伝播《でんぱ》の時期、また受容のされ方には、相互に大きな差異が存在した。なかでも、波及が比較的遅かったロシア、プロイセン、そしてオーストリアなどでは、この新思想は、啓蒙専

▼モンテスキュー（一六八九～一七五五）　フランスの思想家。法と統治の原理を論じた主著、『法の精神』（一七四八年）は、三権分立論を提示して後世に大きな影響を与えた。

▼ジャン・ジャック・ルソー（一七一二～七八）　フランスの哲学者・作家。『社会契約論』（一七六二年）では、当時、啓蒙思想の流れのなかで展開されていた社会契約説を基礎に、自由で平等な個人相互の契約によって成立する政治制度の理想を説いて、のちの社会改革、民主主義にかんする議論の大前提を築くことになった。

▼『百科全書』　フランスにおいて、一七五一～七二年にかけて、二八巻構成で刊行された百科事典。従来、真理を覆い隠してきた神学的・教権的迷妄を、理性の力、すなわち科学、芸術、技術をつうじて払拭し、人間の知識の枠組みを新たに形成していくというその主張は、啓蒙主義の理念そのものを代弁するものといえる。

制主義という、極めて特殊な形態をとってあらわれることになった。すなわち、ここでは、新たな合理的・科学的世界観は、優れた思想家や、富裕な市民階層の議論のなかから自生的に醸成されたのではない。すべての改革は、強力な絶対君主の手によって、あくまで「上から」導入されたのである。

　こうした改革のあり方は、いうまでもなく、本来の啓蒙主義の理想からは大きくかけ離れていた。ここで意図されたものは、個々の国民の幸福と自由ではなく、まさに、国力増強と国家権力の拡大にほかならなかった。フランス、イギリスの啓蒙主義者が論じた自然法▲の理想は、これらの地域では、あくまで専制君主の権力を強化する理論として利用されたにすぎない。実際、人間の解放、思想の自由には決して到達することのない、この「上からの改革」は、いずれも、フランス革命を機に、その自家撞着《じかどうちゃく》を克服できぬまま、反動的路線に回帰するほかなくなったのである。したがって、後世の歴史研究においても、啓蒙専制主義は、いわば「歪められた啓蒙思想」として、否定的・批判的に取り扱われることが多い。

　では、ヨーロッパ史の一時代を風靡《ふうび》した啓蒙思想が、こうして、極めて特殊

▼ダニエル・ホドヴィエツキ（一七二六〜一八〇一）　ドイツの銅版画家。ゲーテ、レッシングなどによる文学作品の挿絵のほか、当時の風俗や文化を主題に、その生涯に二〇〇〇点をこえる作品を残した。

▼啓蒙主義と光　「光によって照らし出すこと」を意味する英語の enlightenment, ドイツ語の Aufklärung をはじめ、ヨーロッパ各国語における「啓蒙主義」の語は、すべて「光」を語源とするものである。光による比喩については、ウルリヒ・イム・ホーフ『啓蒙のヨーロッパ』（平凡社、一九九八年）の冒頭で詳述されている。

▼自然法　社会生活における規範は、人間本性にもとづく自由な理性から導出されるとする自然法の考え方は、とくに近世啓蒙期において、神学的・超越的権威にもとづくことのない人間社会のあり方を創出するために大きな支持をえた。この思想は、社会契約説の成立、フランス革命、アメリカ合衆国憲法に大きな影響を与えた。

ダニエル・ホドヴィエツキ作「啓蒙」

かつ限定的なかたちでしか展開しえなかった諸国、例えばオーストリアは、実際に、「光の世紀」を体験しないまま、蒙昧《もうまい》のなかに取り残されていたのだろうか。あらためてこのような問いかけをおこなうとき、われわれは、これらの地域において、啓蒙専制君主と呼ばれる支配者たちのもとで、経済の部分的自由化や商工業の保護育成、また、信教の自由など、数多くの合理的政策改革が迅速に実現していった事実にあらためて注目しなければならないだろう。たとえその背景に作用していたものが旧態の絶対主義的目的意識にすぎなかったにせよ、それは、国家と社会の近代化プロセスが開かれるための、明らかに最初の糸口であったはずである。

本書では、このような地域的特殊性の地平から、ようやく十八世紀後半になって、しかも、フランス、イギリスなど、「啓蒙の先進地域」とはまったく違ったかたちで進展したオーストリア啓蒙主義の展開過程を、とりわけ、その首都ウィーンの都市近代化との関連で概観したい。

近年、都市の問題は、ドイツ啓蒙主義研究における重要なキーワードとして、注目を集めるようになっている。すなわち、中・東欧地域での新思想伝播の過

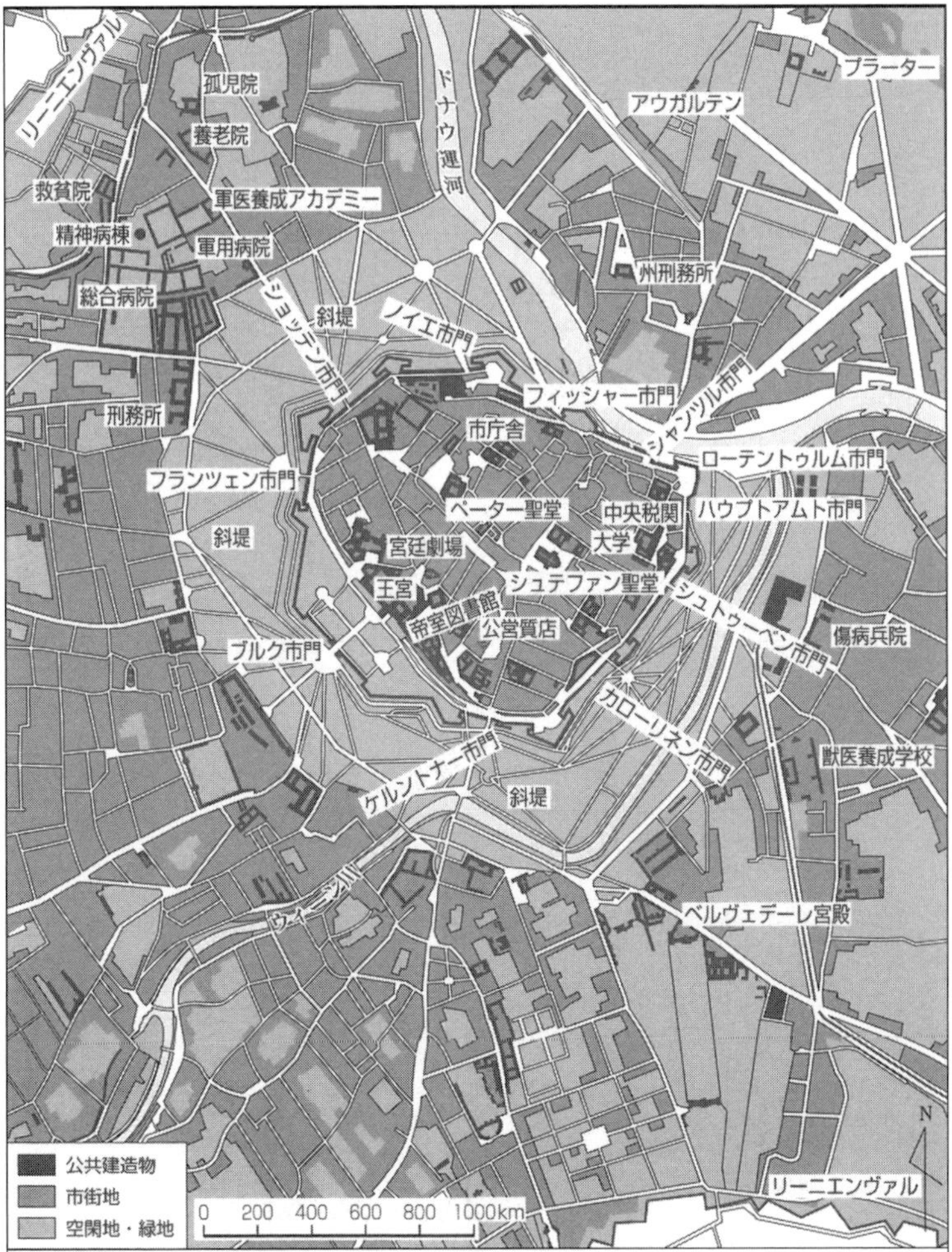

●——**十八世紀末〜十九世紀初頭における都市ウィーンとその周辺**(Rudolf Wurzer, Öffentliche Einrichtungen und Bauten in der Inneren Stadt, auf dem Glacis und in den angrenzenden Teilgebieten der Vorstädte im Jahre 1837, in: Kurt Mollik u.a., *Planung und Verwirklichung der Wiener Ringstraßenzone*, Wiesbaden 1980 をもとに作成)

程において、ドイツ語圏全域に点在した中小都市こそが、なによりも有力な媒体としての役割をはたしていたという。都市間の文通、また、書籍流通のネットワークは、まさに、これらの地域における啓蒙思想そのものの伝達経路としてみなしうるのである。そして、都市が新たに担った、最新の知識と情報の発信地という社会文化的機能は、ヨーロッパ都市が中世以来備えてきた、その伝統的本質を、急激に変容させていくことになった。すなわち、市民権・営業権をもった都市市民を中心とする中世的都市から、近代的メトロポリスへという、十九世紀末から二十世紀にかけて欧米全域で展開したダイナミックな転換過程の始点は、まさにここにあったのである。

一般に「啓蒙の後進地」とされるオーストリアにかんして、ここでは、都市というミクロコスモスに焦点を定めることによって、思想史、政治史などの「大局の視点」が看過してきた、文化・社会の領域での具体的な啓蒙の諸相を浮彫りにすることを試みたい。壮大なイデオロギーや政治制度を生み出すことはなかったにせよ、これらは、社会全体を、ゆっくりと、しかし、根本的に変化させるための、決定的なファクターとして作用したはずである。

①—改革の時代と都市の変容

宮廷と貴族の都市

　ウィーンの起源は、紀元八年ころ、ローマ人がドナウ河畔に築いた城塞都市、ヴィンドボナにあるといわれる。この辺境の砦が、やがて十八世紀にいたってドイツ語圏随一の大都市へと成長したことの背景には、宮廷所在地としてのその位置価値が決定的な役割をはたしていた。この地にはじめて宮廷をおいたのはバーベンベルク家▲であったが、その後、ハプスブルク家が、ルドルフ一世▲下の一二七六年、これを正式に宮廷所在地として定めている。もっとも、諸代の皇帝たちは、しばしば数年から十数年にわたって「首都」をあとにしたまま、プラハやリンツ、ディジョンなどに滞在したため、実質的には、ウィーンはつねにこれらの諸都市と競合関係におかれていたともいえる。

　ウィーンがいよいよ宮廷都市としての本格的な形態を整えていったのは、一六八三年、オスマン帝国軍撃退▲以降のことであった。ここに事実上、異民族侵入と都市包囲戦の危機が払拭《ふっしょく》されたため、都市とその周辺部では、帝室と宮廷

▼バーベンベルク家　九七六年、バイエルンにおける反乱鎮圧の功により、神聖ローマ帝国のオットー二世から辺境伯に任じられ、のちのオーストリアにあたる「オストマルク」を領地として与えられた。ウィーンは一一三五年、その宮廷所在地に定められた。

▼ルドルフ一世（在位一二七三〜九一）　ハプスブルク家初の神聖ローマ皇帝で、その即位が大空位時代に終止符を打つことになった。

▼オスマン帝国軍撃退　一六八三年、大宰相カラ・ムスタファ率いるオスマン帝国軍は、領土の西方拡大を目的に遠征を開始、七月にはウィーンに迫り、二〇万の軍勢が三カ月にわたって都市を包囲した。しかし、九月十二日、ポーランドとザクセンからの援軍をえた皇帝軍が背後からこれを奇襲し、敗走するオスマン軍をベオグラードまで追い落とした。

貴族による華々しい建築活動が展開されるようになった。市内の王宮には華麗なバロック様式の別棟が増築され、郊外部は、オイゲン公のベルヴェデーレ宮殿▲をはじめ、貴族たちの庭園離宮によって美しくいろどられた。十八世紀初頭にはすでに、これらの宮殿こそが、ウィーンの都市景観を決定づける最大の要因となっていたのである。豊かな水をたたえたドナウ河と緑の丘陵を背景に、その威容を誇ったバロック建築▲の数々は、まさしくこの地が「宮廷と貴族の都市」であることを象徴していた。

　すなわち、こうした景観は、都市において宮廷の支配権と影響力が著しく増大したことを明示する、瞭然たるシンボルにほかならない。中央集権的統治に着手したフェルディナント二世▲以降、大規模な拡張を続けたウィーンの宮廷は、四代あとのカール六世▲の時代にはすでに、二〇〇〇人以上をかかえる巨大な組織へと成長していた。宮廷に直接仕えたこれらの人びととその家族だけで、市内人口の約二〇%を占めたという。

　さらに、都市の経済を支えた手工業についていえば、ここでも、絹織物産業、服飾業、馬車や楽器製造業など、その需要が宮廷と貴族によって創出された産

▼ベルヴェデーレ宮殿　対オスマン戦の英雄、オイゲン公が建築家ヒルデブラントに命じて都市南方の高台に建設させた夏の離宮。ウィーンにおけるバロック建築の代表的作品。

▼バロック建築　十七世紀から十八世紀初頭にかけて、建築をはじめ、ヨーロッパ美術を広く支配したバロック様式は、フォルムの流動性と豊かな装飾をその特色とする。ウィーンでは、フィッシャー・フォン・エアラッハ父子やルーカス・フォン・ヒルデブラントら、優れた建築家が、ハプスブルク家や高位貴族の保護を受けて活躍し、都市全体をいわば「バロック化」することになった。

▼フェルディナント二世（在位一六一九〜三七）　統治の中央集権化と同時に対抗宗教改革（反宗教改革）を推進し、その宗教政策が三十年戦争を誘発することになった。

業分野が、その中心を占めていたことに注目しておきたい。とりわけ、中世以来の同職組合《ツンフト》に加入することなく、皇帝によって特別に営業権を与えられ、優遇された「特許業者」が市内で権勢を誇っていたことは、都市経済における宮廷の絶大な影響力を明徴する現象といえるだろう。

このように、十八世紀までは、宮廷と貴族が、首都社会において絶対優勢な勢力を形成していた。ハプスブルク家の長年の支配のなかで、都市市民層は、もはやこれに対抗する力とはなりえなかった。例えば、十八世紀後半にウィーンを訪れたドイツの出版業者、ニコライ▲は、当地では中流の人びとのあいだに独自の自意識が芽生えることは決してなく、大商人から鬘《かつら》屋の徒弟にいたるまで、だれもが貴族の生活を模倣しようと努めている、と評した。この批判もまた、当時の景観と同様に、「宮廷都市」としてのウィーンの性格を浮彫りにするものといえる。皇族や高位貴族から眼をかけられること、さらに、功績をあげて貴族の称号をえることは、都市に生きるすべての社会層にとっての共通の目標であった。宮廷の形式主義と、身分的差異や特権に価値をおく精神性は、ここでは、貴族社会だけでなく、都市生活全般を支配するトーンとなっていた。

▼カール六世（在位一七一一～四〇）　先代のレオポルト一世、ヨーゼフ一世から絶対主義的統治観を引き継ぎ、スペイン継承戦争では、オーストリアとスペイン、両ハプスブルク家の所領を統合することにより、世界帝国を築き上げようと熱望していた。スペイン風の厳格な儀典をウィーンの宮廷に導入し、教会や宮殿など、数多くのバロック建築を完成させた。

▼フリードリヒ・ニコライ（一七三三～一八一一）　ベルリンの出版業者・作家。書評誌『ドイツ図書目録』の編纂をつうじてドイツ語圏の文芸界に多大な影響をおよぼした。一七八一年にはウィーンを訪問、プロテスタントの立場からカトリック都市を激しく批判した旅行記を出版し、首都の知識人のあいだにセンセーションを巻き起こした。

当時のウィーンでは、まさに未曾有の人口増大が進展しつつあった。出生率の上昇ではなく、むしろ外部からの流入によってもたらされたこの成長は、実際には、パリにつぐヨーロッパ第二の宮廷がおよぼした、強い魅力と引力を因由としていたのである。貴族、芸術家、商人から徒弟まで、宮廷との関係をつうじて社会的・経済的上昇を実現しようと、周辺地域ばかりでなく遠く外国からも、ここに活躍の場を求めて移住してきた人びとこそが、ウィーンを大都市へと成長させていった。都市社会の中心はあくまでハプスブルク家とその宮廷であり、日々、くりひろげられる華やかで奢侈《しゃし》に満ちた宮廷生活こそが、その経済と産業を支えていた。

教会と修道院の都市

さて、ウィーンには、つねにハプスブルク家と緊密な関係を維持しながら、その宮廷と並んで都市を支配したもう一つの勢力があった。すなわち、カトリック教会とイエズス会▲である。

ただし、カトリック教会は、都市ウィーンにたいして当初から特段の注目を

▼**イエズス会**　一五四〇年、イグナティウス・ロヨラが、プロテスタントに対抗する反宗教改革的志向をもって創設した修道会。厳しい戒律で組織され、会員たる修道士自身の霊的成長とともに、すべての人間の救済をめざして、世界的に活発な布教活動を展開した。

●――ベルナルド・ベロット（カナレット）作『ベルヴェデーレ上宮からのウィーン眺望』　バロック時代になると、都市郊外部は、貴族たちの贅をつくした離宮とフランス式庭園によって美しくかざられた。

●――ベルヴェデーレ宮殿の施主であり、対オスマン戦の英雄として知られるオイゲン公（一六六三〜一七三六）

●――ウィーンのバロック式教会建築を代表するペーター聖堂内部

はらっていたわけではなかった。ウィーンは長年、パッサウ司教座の管轄下におかれており、独立した司教区▲となるのはようやく十五世紀後半のことである。教皇庁からすればむしろ東方の辺境にすぎなかったこの都市を、「第二のローマ」と呼ばれるほどのカトリック信仰の中心地にのしあげる契機となったのは、対抗宗教改革(反宗教改革)であった。三十年戦争▲の戦局が混迷を極め、ドイツではプロテスタントが勢力範囲を拡大するなかで、ハプスブルク領では、一六二七年、彼らにたいする組織的な迫害運動が展開された。首都ウィーンにおいては、プロテスタント系貴族が財産と領地を没収され、国外逃亡をよぎなくされた。これ以降、都市は、ヨーロッパにおける反プロテスタント、教皇権至上主義の牙城となったのである。すでに十六世紀に設置されていたウィーンのイエズス会組織は一挙に拡大強化され、市内では、修道院と教会の建設プロジェクトがすさまじい勢いで進行した。十八世紀初頭、都市とその周辺部には、一〇〇をこえる教会や礼拝堂の塔が聳《そび》え立っていたという。

　十七~十八世紀にかけて、ウィーンの都市生活を描写した旅行作家たちはみな、街路をゆきかうあまりにも多くの修道士や聖職者の姿にたいして驚奇の感

▼司教区　カトリック教会が定めた個々の司教の管轄区域で、それぞれの司教区には、司教が権能をもって居住する場所として、司教座聖堂がおかれる。ウィーンのシュテファン聖堂が司教座聖堂として定められたのは、ようやく一四六九年のことであった。

▼三十年戦争(一六一八~四八年)　フェルディナント二世による厳しいプロテスタント弾圧政策は、ヨーロッパの新旧両宗派の対立を先鋭化し、ドイツ全土を舞台とする国際的宗教戦争へと発展させた。

を禁じえなかった。また、市内にひしめくおびただしい数の教会の、どこの縁日や祝日にもあたらない日は一年のうちでもわずかしかなく、通りでは、毎日のようになんらかの祝祭行列がくりひろげられていた。このように、宮廷儀式と並んで、カトリック教会とその行事・慣習もまた、ウィーンの都市像を規定する不可欠の要因となっていた。

なかでも、カトリック教会とイエズス会がもっとも決定的な影響力をふるったのは、教育と文化の領域であった。十七世紀以降、郊外部の初等学校からウィーン大学にいたるまで、都市のあらゆる教育機関で教鞭を執ったのは、ほぼ例外なくイエズス会関係者であった。ハプスブルク家や高位貴族のもとで家庭教師のポストをえたのも、これらの修道士や高位聖職者たちである。ここでの教育の目標が、一面的に、世俗の知識から隔絶した宗教的修養におかれていたことは、いまさら指摘するまでもない。ドイツ語による聖書精読に信仰の基礎を求めたプロテスタントとは対照的に、イエズス会教師たちは、日常生活で使用される世俗語にはいかなる価値も見出すことなく、子どもたちの日課の中心は、読み書きではなく、あくまでラテン語による祈りであった。騎士アカデミーなど、貴族の子弟を集めたエリート学校でさえ、フランス語やドイツ語はほとんど取り上げられないまま、神と教会の言葉であるラテン語の習得こそが、勉学の第一の課題として掲げられていた。

さらに、修道会の人脈が支配したのは、学校だけにとどまらなかった。外国から流入する書物のほか、国内で生産される印刷物、また、上演される芝居の台本を監査するための検閲局もまた、完全に教会の手中に握られていた。正統カトリックの価値観とはあい容れないものと判断された文書は、「不許可」の烙印を押されてことごとく排除された。オランダから届いた最新の解剖学の専門書が、「淫らな書物」の判定をくだされ、検閲官の手で処分されたというエピソードは、あまりにも有名である。

こうして、精神文化にかかわる領域が、ほぼ二世紀にわたってカトリック教会の厳しい管制下におかれつづけたことにより、都市ウィーンは、イギリス、フランスはもちろんのこと、同じ言語圏に位置したプロテスタント・ドイツの諸都市からも分断され、文化的に極めて孤立した位置に立たされることになった。

旧い都市、新しい都市

美しい庭園離宮に囲まれた十八世紀初頭のウィーンは、外観の点では、たしかに宮廷都市としての壮麗さを備えていた。しかし、一方で、精神的・文化的観点からみれば、都市は、啓蒙思想や文学・哲学の新潮流にたいして扉を開くことなく、バロック時代以来の宮廷典礼と、イエズス会による厳格な教権主義を基底文化として保持したまま、まさしく「旧弊」な都市の状態にとどまっていた。

エンゲルハルト・ヴァイグルによれば、十八世紀という時代は、ヨーロッパ都市史におけるひとつの重要な分水嶺を意味した。▲すなわち、この一世紀のうちにこそ、いわゆる中世都市▲がのちの近代都市へと成長・発展するプロセスが確実に進行したのである。そして、ここでの成長の条件は、個々の都市が、旧来の身分制度と職能区分の枠組みを突破して、外部にたいして門戸を開き、ダイナミックな人的・物的・精神的交流を実現する能力をもちえたか否かにかかっていた。伝統的特権制度の枠組みにとらわれるあまり、新しい文化や外来者

▼**都市史における十八世紀**　従来の歴史研究では、中世における自治都市の輝かしい繁栄期にたいして、十八世紀とは、都市の自律性が著しくそこなわれ、経済的にも弱体化した、明らかな「衰退期」であったとされてきた。しかし、近年、この時代のなかに近代都市とその社会文化的発展の萌芽を認めようとする、新しい視点が呈示されている。

▼**中世都市**　中世ヨーロッパにおいては、都市内での営業権をもつ都市市民が自ら自治権と裁判権を行使し、独自の市場を保持するという、経済的共同体としての都市が成立・発展した。都市は、空間的にも、市壁など、防御施設によって外界から明確に区切られていた。

を排除しつづけた都市は、この時期、衰退と縮小をよぎなくされたという。

ウィーンにかんしていえば、少なくとも十八世紀半ばまで、都市は極めてアンバランスな状態におかれていた。ハプスブルク家の宮廷所在地としてめざましい繁栄と拡大をとげながらも、ウィーンは、近代的な都市発展の諸条件を決して満たしてはいなかったからである。ウィーンの社会と文化は、ヨーロッパ啓蒙主義の知識ネットワークの外側に位置したまま、その都市発展は、全欧的レベルからすれば、あくまで個別的で地域的なものとしてしか評価されえなかった。

宮廷都市として、また、カトリック信仰の中心地としての歴史的前提によって条件づけられた、ウィーンのこうした旧態の状況を、いよいよ根本的に転換させていくことになったのは、マリア・テレジアからヨーゼフ二世にかけての改革政治の流れであった。

マリア・テレジアからヨーゼフ二世へ

一七四〇年、マリア・テレジアは、父カール六世のあとをおそってオーストリア世襲領を相続した。カール六世は生前、国事詔書を発して、ハプスブルク家の女系継承権と所領の不可分を確認していたが、その死後、バイエルンとプロイセンがこれに反発し、オーストリア継承戦争▲が勃発した。帝国初の女帝による統治は、こうして、深刻な外交的・軍事的・財政的危機のなかに幕をあけた。この危機的状況、とりわけ、近代的軍備を誇るプロイセンとの対立は、若きマリア・テレジアに、自国の後進性をあらためて強く認識させることになった。この経験こそが、彼女にとって、近代的・合理的国家改革に着手するための契機となったのである。シュレジエン喪失という代償のもとに領土分断の危機を脱したのち、女帝は、軍隊と近代的官僚組織を制度化し、国政全体の抜本的な中央集権化を試みた。

マリア・テレジアの諸改革は、帝国の行政にとって、まさに画期的なものとなった。例えば、国内の各領邦に分散したまま、相互に統一性・整合性を欠いていた行政機関を、中央官庁を中心として一本化するなどの措置は、明らかに、伝統的な統治のあり方を一新する可能性を開くことになった。しかし、その反面、ここでの改革が、あくまで国家的危機を克服するためのやむにやまれぬ方

▼**オーストリア継承戦争**（一七四〇〜四八年）　ハプスブルク帝国領の継承権を主張するバイエルンに、ハプスブルク家の弱体化をねらうフランス、スペイン、プロイセンが加勢した。戦争の結果、シュレジエンがプロイセンに譲渡されたが、領土の分断はからくもまぬがれた。

策にすぎず、必ずしも新しい統治観や政治哲学を基礎とするものではなかったことを看過してはならない。事実、女帝の君主としての精神性は、むしろ、ハプスブルク家伝来の伝統的枠組みを脱することは決してなかったのである。イエズス会による文化領域の独占状態を憂慮しつつも、彼女がローマ教皇庁にたいして一貫して従順な態度をくずさず、また、行政合理化の過程においても、地方の領主など、旧権力への配慮をつねに怠らなかったことは、必然的にその改革の指針を混迷させることになった。

　オーストリアにおける改革の気運が本格化するためには、女帝の夫として神聖ローマ帝国の帝位に即《つ》いていたフランツ・シュテファン▲が急逝し、これを継いだ長子ヨーゼフが、共同統治者として政治に参加する、一七六五年を待たなくてはならなかった。皇太子時代より、官房学▲からフランス啓蒙思想にいたるまで、当時最新の知識と学問に親しんだヨーゼフは、ハプスブルク家による支配の思想的基盤であったバロック的・絶対主義的統治観を否定し、さらに、啓蒙君主として知られた宿敵、プロイセンのフリードリヒ二世▲を「理想の君主」と公言してはばからなかった。

▼神聖ローマ皇帝フランツ・シュテファン　一四三八年以降、ハプスブルク家は事実上、ドイツとイタリアの一部を包括する、神聖ローマ帝国の帝位を独占してきた。マリア・テレジアはオーストリア世襲領を相続したが、神聖ローマ皇帝の帝位については、当然、国事詔書は効力をもたず、オーストリア継承戦争でもこれが大きな争点となった。戦後、女帝の夫、フランツ・シュテファンがフランツ一世として正式に即位した。

▼官房学　十六〜十八世紀にドイツ、オーストリアで発展した領邦統治のための諸学の総称。元来、領主の家産的繁栄の術策であった官房学は、のちにドイツの行政学、経済学、財政学などに分化、発展していく。

▼フリードリヒ二世（在位一七四〇〜八六）　プロイセン王。官僚制度の整備、軍隊の近代化、重商主義政策をつうじて、プロイセンを一躍ヨーロッパ列強の座にのしあげた。「君主は国家第一の僕」というその言葉によって、啓蒙専制君主の典型として知られることになった。

●——**マリア・テレジア**（右から二人目）、**フランツ・シュテファン**（左端）**とその子どもたち**　右から五人目がのちのヨーゼフ二世。

●——**微行して居酒屋を訪れるヨーゼフ二世**　宮廷の典礼と儀式性をきらったヨーゼフは、「ファルケンシュタイン伯爵」を名乗り、従者もつれず、なんの前触れもなく首都のさまざまな場所に姿をあらわしては、多くの伝説を生み出した。

●——**王宮内の皇帝執務室の廊下**　皇帝ヨーゼフは、身分や職業を問わず、すべての臣民に謁見を許した。接見がおこなわれる午前中、この廊下は、大使から貧者にいたるまで、上奏・嘆願を希望する者たちでごった返したという。

ヨーゼフ二世　啓蒙君主として、「国家の第一の僕であり、一兵卒」を自認した皇帝の肖像は、バロック式の正装姿ではなく、しばしば、軍服や簡素なフロック姿で描かれた。

▼王権神授説　王の権力は神から授けられた絶対的な力であり、王は神にたいしてのみ責任を負うべきもので、臣民が王にたいして反発し、異議を唱えることは許されないとした、王権万能説。ルイ十四世をはじめ、絶対主義的統治はこの説をその基盤としていた。

革新的とさえいえるほどに徹底した啓蒙主義的・合理的価値観を標榜することによって、ヨーゼフは、母帝が躊躇《ちゅうちょ》しつつ先鞭をつけた改革政治を、いよいよ本格的なかたちで推進しようとしたのである。

ヨーゼフはもはや、自身を、「神によって強大な王権を授けられた者▲」として認知してはいなかった。君主とは、いまや、国家と臣民の幸福と利益を達成すべく、一兵士となり、一官僚となって働くべき存在にほかならなかった。そのためにこそ、あらゆる改革が、彼自身の手によって積極的に導入され、実現されていくべきなのだった。こうして「上からの改革」を謳ったヨーゼフの君主観、統治観は、まさに、啓蒙専制主義の典型といえるものであった。

とりわけ、一七八〇年、マリア・テレジア死去ののち、単独統治を開始してからは、その改革は著しい加速をみた。賦役農奴制の廃止、そして、国内の教会にたいしてローマ教皇が保持していた権限を排除するという、あまりにもラディカルな教会改革は、全ヨーロッパの政治家や知識人を瞠目《どうもく》させた。

ただし、緻密な構想と賢明な意図によって支えられたこれらの改革は、社会の実情をまったく無視し、いっさいの妥協を許さず進められたために、現実政

鋤をあやつるヨーゼフ二世　農民とともに畑を耕す姿は、皇帝を描く図像の主題としてもっとも好んで取り上げられ、「啓蒙君主」のイメージをさらに強めることになった。

治の舞台ではことごとく暗礁に乗り上げることになる。ヨーゼフ二世が新規に試みたおびただしい数の施策は、実際、一〇年間の単独統治期間のなかで、ほとんどが最終的な成果をみないまま、中途で投げ出され、撤回された。ヨーゼフの治世が、ハプスブルク帝国史において、しばしば、「急ぎすぎた改革」「挫折した改革」と表現されるゆえんである。

だが、ここで、いま一度、議論の中心を都市ウィーンにもどしたい。国政レベルでは決して所期の目的をはたしえなかったマリア・テレジアとヨーゼフ二世の改革は、一方、都市というミクロコスモスにおいては、その社会と精神文化を根本から変容させるような、決定的な要因として機能したのである。二代にわたる統治者が自ら引き込んだ新しい空気、とりわけヨーゼフ二世の進取の気象は、旧態依然としたバロック風の首都を、わずか半世紀のうちに、ヨーロッパでもっとも自由で開放的な都市へとみごとに変身させることになった。

教育改革と新しい知識階層

実際、これまで宮廷と教会によって規定されてきた都市の性質は、十八世紀

学校教育の改革　初等学校から大学まで、教壇からイエズス会士が追放され、教区学校でも本格的な識字教育がスタートした。

後半以降、確実に変化をみせはじめていた。このとき、時代にふさわしいかたちで社会と文化のイニシアティヴをとりうるような新たな社会層が、まさに、マリア・テレジアが導入し、ヨーゼフ二世に引き継がれた教育制度の改革をつうじて形成されつつあったからである。

本格的な国政改革に着手したとき、マリア・テレジアは、たんなる組織・制度上の改変だけでは、自らの目的には到達しえないことを冷静に見抜いていた。真の意味での近代化のためには、国民の精神的啓蒙こそが、必須の条件であった。例えば、教育の重点が久しくカトリック的精神修養におかれた結果、オーストリアの識字率は、ドイツ諸邦からすでに大きく引き離されていた。文字を解する知識階層はほぼ教会関係者に限定され、改革のヴィジョンの受け皿となるような識字教養層が、数的にも質的にも不足していた。このような状況を改善し、広い社会層に実践的・世俗的知識と技能を習得させて、国家の近代的行政を支えるための優秀な官僚・官吏の人材をえることこそが、長期的な改革にとって不可欠の手段とみなされた。

学校教育の改革は、こうした見地から、もっとも初期の段階からすでに、近

▼ゲラルド・ファン・スヴィーテン（一七〇〇〜七二）　女帝の側近として、大学と医学の改革のほか、検閲制度の世俗化・合理化においても大きな功績を残した。

▼スコラ学　中世キリスト教会の学校で研究された学問。哲学、神学、法学、自然科学を含むが、これらの知識は、あくまでカトリック教会の教義との密接な関係のなかで理解され、解釈された。

代化政策の主眼として取り上げられた。イエズス会の影響力排除と教育の世俗化がその最初の手がかりとなったことは、いうまでもない。とりわけ、官僚養成が火急の課題であったことから、マリア・テレジアは、すでに一七四〇年代、オランダ出身の侍医、スヴィーテン▲らにたいして、ウィーン大学をはじめとする高等教育機関の刷新を命じていた。一七四九年には、早くも大学は国家政府の直接の管轄下に移され、教授任命についても、カトリック教会の介入はもはやいっさい認められなくなった。高等専門教育の中心は、これまでの神学部から、法学部ならびに医学部へとシフトし、大学はここに、スコラ学▲を基礎とする神聖な学問の園から、官僚や医師など、実践的専門職のための養成コースへと、その機能を大きく転換させていた。

一方、一七七〇年代までに確立された義務教育制度、そして、首都のすべての地域に張りめぐらされた、ドイツ語や算術を学習課題とする初等・中等学校のネットワークは、君主たちのねらいどおり、首都における識字教養層を著しく拡大し、これらの人びとを、官僚予備軍として取り込んでいくことになった。中央集権化の過程のなかで、首都ウィーンには各種の官庁が集中し、その人的需要は年とともにさらに高まる傾向にあった。一七六〇年代初頭の段階で、首都に勤務した官吏・官僚は五〇〇〇人に達し、その数はすでにカトリック聖職者を大きく上回っていたという。ウィーンはまさにこの時期、官僚都市という、これまでとはまったく違った、新たな表情をみせるようになっていたのである。

官僚都市ウィーン

皇帝の側近から州や市の地方行政官吏までを含むこれらの官僚たちは、社会的にも経済的にも極めて不均質なグループを構成していた。代々、特定の家門が高位官職を独占したバロック時代の宮廷社会とは対照的に、徹底した能力主義を導入したマリア・テレジアとヨーゼフ二世のもとでは、ユダヤ教のラビ（宗教指導者）の家系を出自とするゾンネンフェルスや、プロテスタントのツィンツェンドルフ伯爵のような人物が、その手腕によって最高ポストへと登りつめるのも、ごくふつうのことになっていたからである。出自も経済状況もそれぞれ異なるこれらの人びとは、その数的増大にともなって、同じ価値観と行動様式を共有する一つの社会層として強く結束するようになった。新しい教養と

▼ヨーゼフ・フォン・ゾンネンフェルス（一七三三〜一八一七）　啓蒙専制主義の国家改革を支えた代表的な国家官僚。公用語としてのドイツ語改革から死刑・拷問の廃止にいたるまで、あらゆる行政部門において近代化政策の実質的なブレーンとなった。オーストリアにおける官房学の完成に寄与したことでも知られる。

▼カール・フォン・ツィンツェンドルフ（一七三九〜一八一三）　ザクセンの名家の出身。二十二歳のとき、ハプスブルク宮廷に仕官していた異母兄を頼ってウィーン入りし、女帝の寵愛をえて官僚としてのキャリアコースをスタートさせ、のちには宮廷監査局の初代局長となった。

文化の理想をかたちづくりながら、彼らは、やがて、これまで宮廷とカトリック教会を中心に醸成されてきた都市の基底文化を、その本質から大きく変容させていくことになる。

すなわち、ウィーンの伝統であるバロック的文化とは、視覚や聴覚にたいして直接的に訴えかけるような、極度の感覚主義を特徴とするものであった。十七世紀以来、宮廷と教会の保護のもとに、華やかな建築芸術や美術、音楽が、華々しい開花をとげていた。また、オペラ、バレエなど、壮大なスペクタクルに重点をおく舞台芸術は、宮廷都市における最大の娯楽にほかならなかった。だが、その一方で、芸術・文化のパトロンである貴族や聖職者、また、知識人たちの関心が、文学や思想、自然科学に向けられることはほとんどなかった。例えば、レッシング▲やゲーテ▲が活躍し、国民文学の基礎が形成されつつあった同時代のドイツ諸都市とは対照的に、ウィーンにおける文学活動とは、ほぼ、帝室の宮廷詩人による、ラテン語の頌歌《しょうか》創作にかぎられていたという。

そして、一七四〇年代以降、急速に知識階層として結束を固めるようになった官僚グループこそ、こうした文化状況のなかに、はじめて、ドイツ文学やフ

▼**ゴットホルト・エフライム・レッシング**（一七二九〜八一）　ドイツ啓蒙主義を代表する文学者。とくに、ドイツ演劇の礎石をすえたとされる。

▼**ヨハン・ヴォルフガング・フォン・ゲーテ**（一七四九〜一八三二）　啓蒙主義の知的環境からさらに「疾風怒濤」の文学運動を導き出し、シラーとともにドイツ国民文学の道を切り開いた。

ランス思想の知識を引き入れ、同時代ヨーロッパの思潮を視野においたうえでの、新規の精神文化を開花させるための触媒となったのである。

②―新しい都市の文化

検閲制度の改革と読書文化

これまで旧《ふる》いバロック的都市としての文化と精神性が保持されてきたウィーンで、十八世紀後半、急速に新しいタイプの知識階層が形成され、これが、やがて精神史上の劇的な方向転換へとつながっていく。こうしたプロセスを可能にした不可欠の前提とは、まさに、一七五〇年代以降、段階的に進められた検閲の緩和、および、その結果としてもたらされた読書文化の興隆であった。

検閲制度の改革は、イエズス会による教育・文化の独占状態に対処する試みの一環として、マリア・テレジアによって着手された。ここではまず、国家政府の管轄下に、聖職者を排除した、官僚と世俗の学者だけをメンバーとする新たな検閲局が立ち上げられた。正統派カトリックの教権主義を一掃した、合理的・学術的な検閲基準は、首都ウィーンのみならず、帝国全体における近代的学問の発展に大きく寄与した。

この新しい検閲の方針は、ヨーゼフ二世のもとでさらに徹底したかたちで進

十八世紀末当時の書店（右）**と読書室**（左）

められることになる。学術書、専門書には広く門戸を開きながら、一般読者の目にふれるような文学書や通俗書については、引き続き道徳的見地から厳しい統制を加えようとしたマリア・テレジアの検閲基準にたいし、ヨーゼフは、「良書の普及を妨げるよりは、むしろ多少の悪書を放置する」という革新的な原則を打ち出した。いまや、検閲局による干渉は最小限に抑えられ、印刷物の自由な生産と流通が促進されなければならなかった。こうして、母帝のもとではなお、輸入・出版厳禁の書物として五〇〇〇タイトル以上をあげていた禁書目録を、ヨーゼフは一部の過激な思想書などに限定して、一挙に九〇〇タイトルにまで縮小した。

二代の君主によるこのような検閲緩和と出版自由化の政策は、じつは、いずれも、明確な政治的意図に支えられたものであった。すなわち、伝統的な行政制度を一挙に刷新しようとしたマリア・テレジアとヨーゼフ二世にとって、印刷物とは、より多くの階層を改革政治の支持者として取り込んでいくための、もっとも有効な手段にほかならなかった。教育の世俗化・近代化は、文字を理解し、書物に親しむ階層をしだいに拡大しようとしていた。近代的な改革の目的と意義を、興味深く、わかりやすく説いた各種の読み物は、これらの人びとを啓蒙し、知的で賢明、かつ、政府の方針にたいして従順な臣民へと「教育」しうるはずであった。

　こうした君主の意図を受けて、印刷物のいわば「政治的利用」をもっとも理想的なかたちで実践したのが、ほかならぬ首都の国家官僚たちであった。啓蒙主義を信奉し、政府内における実質的なブレーンとして改革政治を支えた彼らは、一七六一年、「ドイツ協会」▲を設立した。同時代ドイツの文学者たち、とりわけライプツィヒのゴットシェート▲によるアソシエーションをモデルとして構想された「ドイツ協会」は、啓蒙主義をより広い階層に伝播させていくことを、その第一の課題として掲げていた。この目的のもとに、メンバーたちは私財を投げ打って雑誌を創刊し、自ら作家としてペンを執ったのである。彼らはここで、文法的に正確な、平易なドイツ語を用い、また、物語や会話文、架空の往復書簡など、さまざまな通俗的文学形式を借りながら、当時、まさに「読者」としてデビューしようとしていた首都の住民たちに、新しい価値観と思想をふきこもうとした。

▼「ドイツ協会」　一七六一年、ゾンネンフェルスら、高位の国家官僚が中心となって設立された。設立宣言では、学問や行政制度だけではなく、国民全体の風俗やモラルを改善していくことの必要性が強調され、当初からすでに、一般向けの雑誌の創刊を視野にいれていた。

▼ヨハン・クリストフ・ゴットシェート（一七〇〇〜六六）　ドイツ啓蒙主義の文学者。ライプツィヒ大学で教鞭を執り、国民の文学的啓蒙を目的として掲げながら、雑誌を発行し、演劇論を展開した。また、ドイツ文法を研究し、世俗語としてのドイツ語の体系化をはじめて試みたことでも知られている。

▼道徳週刊雑誌　一七二〇年代以降、ドイツ全域でみられた定期刊行物。もともと、イギリスの『タトラー』や『スペクテイター』をモデルとし、会話文・小話など、親しみやすい文学形式をつうじて読者に語りかけることで、庶民にいたるまで、広い階層の文化的・道徳的啓蒙をめざした。オーストリアでは、ようやく一七六〇年代になって、この種の雑誌の刊行ブームが訪れた。

官僚作家によるこれらの道徳週刊雑誌▲は、ウィーンにおける出版と読書ブームの、まさに前駆となるものであった。これまで、祈禱《きとう》書、暦、または学校の教科書しか手にしえなかった首都の識字層は、ここではじめて、世俗語による「読書の楽しみ」を知るようになったといわれる。同時に、神と信仰の問題だけを取り上げた従来のテーマにかわって、政府によるさまざまな改革や啓蒙思想が書物の主題となったことも、画期的な変化であった。

このようにして、検閲の緩和と新しい読み物は、きらびやかな宮廷儀式や宗教行列など、もっぱら「眼の楽しみ」に日々の娯楽と気晴らしを求めてきた都市ウィーンの生活のなかに、徐々に読書文化を根づかせていった。書物という媒体をつうじて、バロック的な伝統文化のなかに、今、確実に、「啓蒙の光」が引き入れられつつあった。

出版ブームとパンフレット

マリア・テレジア以来、しだいに活気をおびつつあったウィーンの出版業界は、その後、一七八一年、最大限の出版自由化を企図したヨーゼフ二世による新検閲法の公布を機に、未曾有の好況を体験することになる。徹底した産業自由化政策の結果、市内の出版・印刷業者の数は激増▲し、ウィーンはやがて、ドイツ出版文化の中心地として知られたライプツィヒやフランクフルトに迫るほどの書籍生産高を誇るようになった。一七八〇年代初頭における首都の出版状況を、ベルリンの出版業者ニコライは、「日々、さながら雨後の筍《たけのこ》のような勢いで、何百という書物が生まれている」と表現した。

出版ブームの社会的前提条件が、首都における読者層の拡大にあったことは、いうまでもない。彼らの新しい需要にこたえて、出版市場にはあらゆる種類の「読み物」があふれかえるようになった。とりわけ、ヴィーラント▲、レッシングに代表されるドイツの同時代文学や、ヴォルテール▲、モンテスキューのドイツ語訳など、これまで決して出版・販売を許可されることのなかった外国作品も、新検閲法ののち、都市の読書界に一気に流入した。

しかし、文豪ゲーテをも感嘆させたこのウィーンの出版ブームを支えたのは、実際には、文学書や哲学書ではなく、パンフレットと呼ばれる、小冊子形式の通俗読み物であった。通常の書籍よりも質の悪い用紙に刷られ、また、包装用

▼出版・印刷業者の数的増大　ウィーン市内で営業した書籍印刷業者の数は、一七八〇年から六年間に六件から二一件に増大した。

▼クリストフ・マルティン・ヴィーラント（一七三三～一八一三）　ドイツ初期啓蒙主義の文学者。フランス宮廷文化やイギリス文学の影響を強く受ける一方、美術史家ヴィンケルマンと並んで古代ギリシア世界に美的理想を求めた。

▼ヴォルテール（一六九四～一七七八）　フランス啓蒙思想を代表する哲学者。

の青いざら紙を表紙として綴じられたこれらの刊行物は、六〇頁ほどの分量で平均一〇クロイツァー▲という、当時の印刷物としては破格の安値で売りさばかれた。

単価を抑えて大部数で発行されたパンフレットは、長い沈滞期のあとで、いまだ十分な資本も経験ももたない出版業者や作家たちにとって、短期間のうちに莫大な利益をあげ、新たな自由化の時代に順調なスタートを切るための、格好の手段にほかならなかった。たしかに、その商業主義は、道徳週刊雑誌の編纂において官僚作家たちがいだいた、啓蒙主義的読書文化の高邁《こうまい》な理想を、極端なセンセーショナリズムに陥らせることになった。

作家たちに要求されたのは、いまや、高い教養や文学的資質ではなく、むしろ、文字を解する階層が等しく好奇心をそそられるようなテーマを鋭く見抜き、これを刺激的な筆致で表現する才覚であった。例えば、ヨーゼフによる改革政治の第一の標的となったカトリック教会、とりわけ修道院の問題は、これらの作家がもっとも好んで取り上げた主題であった。しかし、彼らの作品の多くは、結局のところ、教会改革の正当性を明快に解説し、これを広く宣伝する行為か

▼クロイツァー　オーストリアやドイツ南部を中心に流通していた貨幣単位。六〇クロイツァーが一グルデン。ちなみに、一〇クロイツァーは、当時、ほぼ、中程度の定食屋での一回分の昼食代に相当した。

ヨーゼフ時代のパンフレット　ヨハン・フリーデル作『ウィーンからの手紙』(一七八三年刊)の扉ページ。この作品は、プロイセン知識人によるウィーン文化批判にたいして激烈な反論を展開し、ベストセラーとなった。刊行地として「ライプツィヒ、ベルリン」とあるのは、過激な内容のパンフレットを出版しようとする作家たちが、外国で出された書物にみせかけようとしてしばしばおこなった「偽称」である。

らは遠くかけ離れたものとなった。社会風刺的文書を許可した新検閲法を後ろ盾として、作家たちは、しばしば、聖職者にたいするファナティックで低俗な個人攻撃をくりひろげたのである。

だが、他方、パンフレットという読み物が、修道院の因習、犯罪事件、さらには最新のファッションにいたるまで、都市に住む人びとを取り巻く身近な話題をタイムリーに提供することをつうじて、読書習慣と印刷文化を、道徳週刊雑誌や文学書がその関心をとらええなかった、より広い階層へと、急速に波及させる役割を担ったことも確かである。

とりわけ、もっぱらローカルな都市の話題を提供しつづけたパンフレットが、出版自由化と同時に爆発的なブームを巻き起こしたという事実は、教育改革以降、拡大期にあったウィーンの読者層のあいだに、都市そのものにたいする新たな意識が形成されつつあったことを明証するものにほかならない。すなわち、これらの印刷物が浮彫りにするのは、もはや、宮廷と教会をその頂点とする、確然としたヒエラルキーの空間ではなかった。そこにあらわれるものは、さまざまな物資や情報、知識が集積し、活発な消費生活、豊かな精神活動と人的交流が展開される、新しい、多様でいきいきとした都市像である。おびただしい数で氾濫《はんらん》したこれらのパンフレットを読み、都市でくりひろげられるさまざまな事象にかんして読者同士が談論を交わすという新たな慣習をつうじて、ゆっくりと、しかし確実に、宮廷的・カトリック的伝統にかわる、生新な都市文化が創出されようとしていた。

読書文化の発展と読書室

もちろん、読書文化が、啓蒙思想の広範な波及と受容のための前提条件となったことは、ウィーンにかぎってみられた特徴では決してない。書物、とりわけ、最新の新聞や定期刊行物などを読んで、その情報を一方的に享受するという、あくまで「受け手」であったはずの読者が、この時期には、「読んだもの」の内容にかんして相互に議論を交わす行為をつうじて、「読者公衆」▲として、すなわち、共通の意見と価値観をもつ、一つのコミュニティとして結束していった。この、いわば、読者による共同体は、新たに「世論」の概念を生み出し、ここから、封建的支配の時代にはみられなかった、自由で平等な社会の

▼「**読者公衆**」　啓蒙期の読者とは、たんに書物から情報を受け入れるだけの受動的な存在ではなく、そこからえたさまざまな思想や価値観にかんして自ら理性的判断をおこない、また、これを読者相互のあいだで議論しあった。こうして形成された一種のコミュニティを、ユルゲン・ハーバマスは、著書『公共性の構造転換』(原著一九六二年)において、「読者公衆」と呼んだ。

理想が形成されることになる。そして、読書クラブ、あるいは読書室とは、このような「読者公衆」に共通の議論の場を提供する機関として、啓蒙期のヨーロッパ全域で発展したものであった。

ウィーンでもやはり、ヨーゼフ二世の自由化政策のもとで、読書文化がいよいよ本格的な隆盛期をむかえると同時に、都市の有力な出版業者たちが、先を争うようにしてつぎつぎと読書室を開設した。

一七八二年春に都市を訪問したドイツ人作家、ハインリヒ・ザンダーは、首都最大の規模を誇ったトラットナー▲経営の読書室について、つぎのように記している。

> 会員になれば月額二グルデン、非会員は一回の利用につき七クロイツァーの料金を支払うことになっている。図書室には、あらゆる種類の新聞と、そして、ほぼすべての分野を網羅した、いかにも感じのよい蔵書が備えられていて、朝八時から夜八時まで、いつでも利用可能なのである。

多種多様の新聞や書物をそろえて、一定の使用料と引き換えに閲覧に供するという読書室は、読書クラブと同様、新聞や雑誌の購読料が個人で負担するに

▼ヨハン・トーマス・トラットナー（一七一七〜九八）　ウィーンの出版・印刷業者。貧しい境遇に生まれ、印刷業の一徒弟から身を起こしながら、マリア・テレジアからヨーゼフ時代にかけての出版自由化の流れに乗って、首都最大の業者へと成長した。一七七七年に開設された読書室は、質・量ともに他の追随を許さない優れた蔵書や、洗練された施設によって評判を呼んだ。

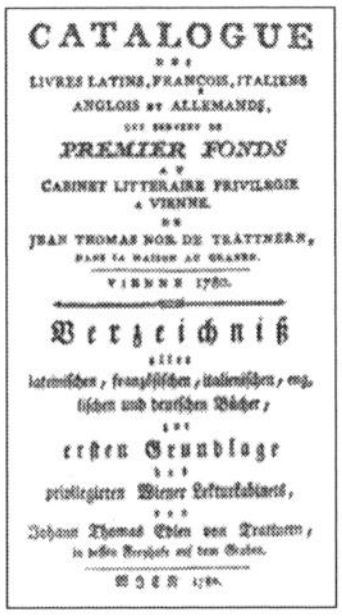
CATALOGUE
DES
LIVRES LATINS, FRANÇOIS, ITALIENS
ANGLOIS ET ALLEMANDS,
PREMIER FONDS
CABINET LITTERAIRE PRIVILEGIE
A VIENNE.
JEAN THOMAS NOB. DE TRATTNERN,
VIENNE 1780.
Verzeichniß
aller
lateinischen, französischen, italienischen, englischen und deutschen Bücher,
zur
ersten Grundlage
des
privilegirten Wiener Lekturkabinets,
Johann Thomas Edlen von Trattnern,

トラットナーの読書室・蔵書目録の扉ページ

はあまりにも高価であった時代に、同じ関心をもつ読者が集まって共同でこれらを購入し、利用するというのが、その設立の最初の動機であった。しかし、ここに集う人びとは、たんに書物の利用だけを目的としていたわけでは決してない。このことは、トラットナーの読書室をはじめ、ほとんどの施設において、閲覧室とともに利用者に提供されていた談話室やサロンの存在によっても立証されるであろう。人びとは、読書の合間に語り合い、ビリヤードやチェスに興じ、また、飲み物や軽食を注文することもできた。

ヨーゼフ時代のウィーンでは、読書室とは、書物利用そのものを目的とする私設図書館というよりは、むしろ、上層知識人の社交の場として機能していたのである。例えば、経営者の一人であったフランツ・ツァールハイムは、一七七六年、『ウィーン日報』紙上に掲載した会員募集広告のなかで、読書室の目的を、「知識人と名士たちの、相互の社会的交流の場を創出すること」として掲げた。すなわち、出版ブームとともに首都で流行をみた読書室は、会費や利用料金を負担する経済的余裕さえあれば、身分や職業を問わず、だれもが参加し、書物を手にとり、会話やゲームをともに楽しむことのできる、開放的なコミュニケーションの場にほかならなかった。

読書という行為、書物にかんする議論をつうじて、ここに、貴族と上層市民、資本家と官僚、芸術家など、伝統的社会制度のなかでは相互に社会的・文化的接触の可能性をいっさいもたなかった人びとのあいだに、広い交流の場が生み出されたのである。

カフェ——啓蒙主義文化の拠点

カフェもまた、当時のウィーンで、これらの読書室と類似の社会的機能をはたしていた。ヨーロッパにおける中東貿易の重要な中継点の一つであったウィーンでは、カフェの起源は古く、十六世紀にはすでに、アルメニア人やトルコ人が経営する数件のコーヒー店が、市内での営業特許を与えられていたという。しかし、十八世紀後半になると、市内のカフェは、エキゾティックな飲み物を味わう場所というよりは、むしろ、ヨーロッパ各国のありとあらゆる新聞や定期刊行物、また都市で出版された最新のパンフレット類を取りそろえて、読書文化および読者交流の中心としての性格を強めていった。一七〇〇年にはわ

十八世紀ウィーンのカフェ

ずか四件を数えたカフェが、一七八四年には六四件へと激増したことは、これらが当時の都市生活において、重要な社会文化的位置を占めていたことの証左であろう。

細い小路にひしめく建物の、多くはその一階部分に店を開いたカフェは、昼でも薄暗く、獣脂蠟燭《ろうそく》が照らし出す簡素なテーブルをかこんで、出版ブームに乗って大人気を博した若いパンフレット作家たちが新聞を広げ、出版業者や読者をまじえて都市の最新ニュースを交換し合ったという。また、とりわけ、自由化政策によって、宗教問題や政治についての関心と議論が高まったヨーゼフ時代には、カフェは政治的論客の結集点として知られるようになった。

一七七〇～八〇年代のウィーンで一種の設立ブームをみた読書室やカフェが、身分や職業的差異をこえて、都市住民たちが自ら読んだものを論じ合い、意見を交わし合うという、新しい知的ネットワークの基点として機能したことはまちがいない。もちろん、ここでは、入会金や飲み物の値段が、一定の住民グループを排除するための、明らかな社会的・経済的障壁となっていた。また、ここに集った人びとの話題は、パンフレットと同様、ローカルな枠組みを脱しえず、その議論が啓蒙思想の広い地平に立つことは決してなかったことも事実である。

しかし、それでも、十八世紀後半のウィーンには、これらの場所をつうじて、確実に、さまざまなしきたりと複雑な儀典に拘束された伝統的な宮廷都市がこれまで体験しえなかったような、自由で開放的な人的・知的交流の可能性がみごとに開かれることになったのである。

フリーメーソン

フリーメーソン結社もまた、読書クラブとともに、啓蒙思想の重要な「担い手」として、全ヨーロッパ的規模で展開した運動であった。例えば、十八世紀のドイツでは、人口五〇〇〇人以上の都市には、ほぼ例外なく、それぞれ数件のフリーメーソン結社と読書クラブが存在したといわれている。

フリーメーソンとは、コスモポリタニズムと友愛主義という、いわば啓蒙思想の理想そのものを目的として掲げた、国際的秘密結社である。国籍、職業、身分上の差異を超越した、会員同士の自由で平等な交流を実践する一方で、極端に排他的で秘儀的な側面をもつという二面性は、この団体の基本的特徴でもあった。

ウィーンのフリーメーソンは、ヨーゼフ二世が単独統治を開始した一七八〇年から、この団体が、政情不安を理由に、条令によって政府の厳しい管理下におかれる八五年まで、ごく短期間、しかし、他地域ではみられないほどの著しい隆盛を体験した。このわずか五年あまりのあいだ、フリーメーソンとその思想は、首都の社会、とりわけ上層知識人において、まさに決定的な社会文化的要因として作用したのである。とりわけ、ヨーゼフ時代初期における希望に満ちた楽天的な雰囲気のなかで、ウィーンの結社は、フリーメーソンの二面的な性質のうち、秘儀的側面をほとんど顕すことなく、むしろ、啓蒙主義的な開放性をその特色として全面に押し出すことになった。

例えば、首都におけるフリーメーソン運動の中心的存在で、モーツァルトとも交流をもち、オペラ『魔笛』におけるザラストロのモデルともいわれるボルンは、トランシルヴァニア出身の優れた自然科学者であった。その才能と鉱物学の知識が評価され、宮廷顧問官としてウィーンに招致されたボルンは、当地

▼**フリーメーソン条令**（一七八五年）　ハンガリーやネーデルラントで反乱が続発するなど、内政不安が続くなか、ヨーゼフは、政府がその活動を把握しえない団体の政治的・社会的影響力を危惧し、以後、フリーメーソンのメンバーや集会にかんする届出を義務づけた。秘密結社としてのフリーメーソンの活動は著しく制限され、また、政治的弾圧を恐れて、多くの会員が結社を離れた。

▼**『魔笛』**　一七九〇年、ウィーンで初演された、エマニエル・シカネーダーのドイツ語台本による、モーツァルト作曲のメルヘン風ジングシュピール。ザラストロは、フリーメーソンの理想であった、真理と英知を象徴する人物として登場する。

▼**イグナーツ・フォン・ボルン**（一七四二〜九一）　法学、地質学、鉱物学をおさめたあと、プラハで造幣・鉱山局長官を務めるが、一七七九年、鉱業部門担当の宮廷顧問官としてウィーンにまねかれた。

▼結社「真の一致のために」　一七八一年三月に設立されたフリーメーソン結社。最盛期には約二〇〇人の会員を擁し、ゾンネンフェルス、モーツァルトもその一員であった。一七八一年十一月に入団したボルンは、まもなくマイスターに抜擢され、以後、このエリート結社の主導権を執ることになった。

イグナーツ・フォン・ボルン

で結社「真の一致のために」▲を主宰することになる。だが、首都最大のこのフリーメーソン結社を、彼自身は、秘密結社というよりは、むしろ近代的な学術アカデミーとして構想していたという。

結社の機関誌、『フリーメーソン・ジャーナル』には、会の理想や活動報告のほか、文学作品や自然科学の実験報告・論文などが掲載され、また、ボルン自身が設立した数件のサブ組織には、近代的学問にかんする知識と関心をもつ者であれば、非会員でもつねに広く受け入れられていた。実際、この時期に外国からウィーンを訪れた知識人の多くが、ボルンのもとで暖かい歓待を受け、彼の結社をつうじて、ウィーンの知的階層全体との広い交流を実現している。

「真の一致のために」をはじめ、一七八〇年代前半のウィーンで活発な活動を展開したフリーメーソン結社の会員名簿は、しばしば、当時の首都の名士録そのものであるといわれる。有力な宮廷貴族や高級官僚、芸術家、作家、資本家など、各界で活躍し、少しでも世間にその名を知られた者は、例外なくどれかの結社に所属していたからである。フリーメーソンは、まさしく、当時の首都の中・上層グループ全体をゆるやかに結びつける、社会文化的な絆として機

フリーメーソン結社への入団式
右列の中央に描かれた人物はモーツァルトであるといわれている。

能していた。

このことは、フリーメーソン結社が提供した自由で開放的な人的交流の可能性が、一七四〇年代以降、徐々に形成されつつあった新しい知識階層の要求にいかにぴたりと合致したかを裏づけている。読書室やカフェと同様、結社もまた、職業や出自の点で著しく不均質なメンバーからなるこの社会グループに、相互の談論や情報交換の機会を約束するものであった。宮廷や教会を頂点として、身分や位階によって人びとの行動範囲を細かく定めた伝統的な都市社会の枠組みは、もはや、これらの新興エリート層の需要にこたえることができなくなっていた。新たな都市文化の受け皿を、彼らは、旧来の社会関係を超越した、新規の機関や団体のなかに積極的に求めざるをえなかったのである。

このようにして、フリーメーソン結社が、ごく短期間ではあれ、首都の知識人層すべてを包括するほどの力をもちえたことは、都市社会そのものの構造変化を反映する、明らかな徴証といえるのである。

▼レオポルト一世（在位一六五八～一七〇五）　対オスマン帝国戦を勝利に導き、ハンガリーを征服して、中・東欧地域におけるハプスブルク家の覇権を確立する一方、王権の絶対性を視覚化する手段として、芸術の保護に心血をそそいだ。バレエや演劇的スペクタクルに自ら出演したほか、その音楽的才能は、ハプスブルク一族のなかでも群をぬくものであったといわれる。

音楽文化と演劇の市民化

十八世紀後半における社会と文化の劇的な転換にともなって、これまでハプスブルク宮廷との深い関連のなかで著しい繁栄を謳ってきた、音楽芸術や演劇文化の流れのなかにも、やがて、確実に変化の兆しがあらわれはじめていた。

十七世紀以降、辻音楽師や歳の市の旅芸人など、民衆的な音楽・演劇文化がしだいに治安規制の対象となり、都市空間から排除された一方で、宮廷内では、音楽やオペラは、日常生活に欠かせない大切な要素として、歴代君主によって手厚く保護されてきた。音楽をとくに好み、自ら作曲にも手を染めたというレオポルト一世▲は、その治世下に四〇〇回をこえるオペラ公演をおこなったといわれる。

ここでの音楽と演劇とは、いうまでもなく、皇族と宮廷貴族だけが享受することのできた、まさに特権的な娯楽であった。例えば、宮廷劇場とは、もっぱらハプスブルク家の予算によって管理・運営される、いわば帝室にとっての半公半私の空間にほかならなかった。公演の入場券は、伝統的なしきたりに従って、宮内長官をつうじて高位貴族だけに配布され、一般市民が劇場に立ち入る

▼**四旬節**　復活祭に先だつ四〇日間の精進期間。肉食はいうまでもなく、演劇やオペラの公演も慎むべきとされた。

ことなど、到底不可能であった。

また、コンサートにしても、マリア・テレジア時代までは、公開演奏会として企画されることはほとんどなかった。これらもやはり、あくまで宮廷内の排他的な行事であり、とりわけ、四旬節▲をはじめ、宗教上の禁欲期間中に、演劇公演の代替行事としていとなまれるのをつねとしていた。ここでは、参加特権を与えられた貴族たちのあいだですら、さらにそれぞれの位階に応じて、演奏がおこなわれる部屋で君主と同席できる者、控えの間にさがって聞くべき者など、その条件が細かく定められていた。

ところが、一七五〇年代になると、都市の上層グループのあいだで、これらの特権的な演奏会とはまったく異なる、自主的な「音楽の夕べ」が開かれるようになった。すなわち、四旬節の催しとして始まった「ディレッタント・コンサート」は、カジノや読書室のサロンに楽器を集め、入場料を払った音楽愛好家たちがともに演奏を楽しむという趣向であった。宮廷社会の枠組みと身分的差異を超越し、音楽に関心をもつ者を広く集めておこなわれた、これらのアマチュア演奏会の流行は、音楽文化の中心もまた、しだいに貴族社会から新しい

●―**フェルディナント三世時代のオペラ公演**　オペラや「騎馬バレエ」は、数百人におよぶ出演者を動員して数日がかりで上演され、そのクライマックスには君主自身が「世界支配者」を象徴する寓意的人物として登場した。

●―**新築後の宮廷劇場**　平土間の後部席や、三階以上の桟敷席の入場券が一般向けに販売され、宮廷の演劇文化は、はじめて都市民を観客として受け入れることになった。

音楽愛好家たちによる家庭音楽会

小型ピアノを演奏するヨーゼフ二世

宮廷の儀式的行事をきらったヨーゼフは、モーツァルトのパトロンとしても知られるトゥーン伯爵夫人をはじめ、上層の人びとの私的なサロンやコンサートに足繁くかよい、ときには深夜まで音楽談義を戦わせることもあったという。

上流知識階層へと移行しつつあったことを明徴する現象といえる。新興の愛好家たちは、内外の優れた音楽家を自らのサロンにまねきいれ、夫人たちは彼らにピアノや歌唱の個人教授を乞い、また、その新作発表のために、定期的に演奏会を主催した。

こうして、都市ではしだいに、宮廷による芸術保護活動の外側に、音楽をめぐる近代的な市場が形成された。当時、音楽家を支援する人びとが前もって資金を出し合い、新作演奏会への参加を予約するという、「予約演奏会」形式が定着をみようとしていた。また、早くも一七七一年には、音楽家自身による自助団体も設立された。一七八一年、パトロンであったザルツブルク大司教との対立のすえ、活動の拠点をウィーンに移したモーツァルトの決断もまた、首都の音楽界に形成された、この、新しい気運に満ちた豊かな環境《ミリュ》を背景としていたのである。

宮廷劇場の一般開放

さらに、宮廷芸術の中心点であった宮廷劇場においても、一七四八年、建物の建替えを機に、大きな変化があらわれた。マリア・テレジアは、この年、新劇場落成にさいして、その経営財政の健全化とともに、演劇公演をつうじて都市の臣民に娯楽と教養を付与する必要性を強調した。このような見地から、女帝は、皇族や高位貴族の専用桟敷を除き、三、四階のギャラリー席を中心に、その入場券の一般販売を命じたのである。この決定は、まさに、市民にたいする宮廷演劇文化の開放を意味していた。すなわち、元来、極度に排他的な宮廷内の催事であったはずのオペラやバレエ、また、イタリア・フランス劇などの公演▲が、入場料金と引き換えに、基本的には都市のすべての階層をその観客として受け入れるようになったのである。

　さらに、一七七六年、ヨーゼフ二世の強い働きかけによって、宮廷劇場が「ドイツ国民劇場▲」と改称されたとき、演劇文化の「市民化」は決定的となった。ウィーンをドイツ演劇文化の中心地とするために、皇帝は、宮廷文化の趣味と伝統を色濃く残すイタリアやフランス作家のレパートリーにかえて、同時代のドイツ戯曲を積極的に取り上げようとした。その演劇政策において、ヨーゼフは、演劇と戯曲にたいしても、書物と同様、より広い観客層にたいして啓

▼宮廷劇場のレパートリー　フランス・イタリア文化の強い影響下にあって、ハプスブルク家専属の台本作家や音楽家はイタリアから招聘されていたため、劇場が一般公開されたあとも、そのレパートリーはフランス語・イタリア語の作品によって占められた。これらの「宮廷言語」を解さない一般市民にとって、観劇とは、作品鑑賞というよりはむしろ社会的ステイタスとしての意味をもったと考えられる。

▼ドイツ国民劇場　宮廷劇場を「国民劇場」とすることで、ヨーゼフは、首都の日常語であり、また、自ら公用語として定めたドイツ語による演劇文化の保護奨励をめざした。即興劇や民衆喜劇ではなく、道徳的な「市民劇」の公演がここでの理想とされた。

蒙主義的理念と世界観を伝える媒体としての機能を求めようとした。こうした意図にもとづく「国民劇場」の発足とともに、以前は最低でも郊外部で働く石工の日給に相当したというその入場料金も、大幅に引き下げられた。ここに、かつての宮廷劇場は、極めて広い社会グループにたいして「開かれる」ことになった。

たしかに、この一連の改革以降も、二階桟敷席には高位の宮廷貴族以外の観客が受け入れられることは決してなかったし、また、三階席は、その高額な料金から、もっぱらユダヤ系銀行家たちの「指定席」となっていた。「国民劇場」は、平等の空間からはなおほど遠く、そこでは典礼や経済条件による厳しい社会的差異化の法則がいまだに強く作用していた。しかし、それにもかかわらず、新しい劇場は、元来の特権的享受者である皇族・貴族だけではなく、高級官僚から資本家、芸術家、学生、さらには上流家庭の使用人にいたるまで、都市のあらゆる住民層が一堂に会する、自由で開放的な場所へと確実に変容しつつあったのである。

アウガルテンとプラーター――公共緑地の誕生

このようにして、かつては、王宮の控えの間から劇場の観覧席まで、個人の入場・参加資格や序列が、身分的位階の法則に従って事細かに定められていた宮廷都市の社会のなかに、一七四〇年代以降、結社やサロン、演奏会など、身分にかかわりなくだれもが自由に出入りできる、まったく新しい、自由で開放的な「場」がつぎつぎと展開していった。

とりわけ、「玉座についた哲学」と称されたヨーゼフ二世は、このような社会文化的な変遷過程にたいして、特別に深い関心を寄せていた。啓蒙専制君主として、ヨーゼフは、宮廷社会のヒエラルキーを一貫してナンセンスなものとみなし、自らの開明的統治のもとで、すべての臣民が、出自や身分を問わず、等しく知識と教養を身につけ、勤勉に労働し、国家の公益に寄与するという、新しい社会の理想像をいだいていた。この理想を胸に、皇帝は、自ら進んで、都市の内部に「社会的に平準化された場所」を切り開こうとしたのである。

一七六〇〜七〇年代にかけて導入された緑地開放政策は、ヨーゼフのこの意図をもっとも理想的なかたちで実現することになった。このとき、皇帝は、これまで貴族にたいしてさえ入場を厳しく制限してきたはずの二つの帝室保有地を、あいついで公共緑地として一般開放した。ハプスブルク家の狩猟地であったプラーター（一七六六年開放）、そして十七世紀に起源をもつ夏の離宮アウガルテン（一七七五年開放）は、今日にいたるまで、大都市のなかの緑豊かなレクリエーションの場として、すべての都市住民からこよなく愛されることになる。

それぞれの御料地開放を命じた皇帝の親書は、いずれも『ウィーン日報』紙上に公表され、「身分や服装にかかわらず、すべての臣民が、望むときにいつでもこれらの場所に足を踏み入れ、自由に散策や遊戯に興ずることを許可する」ことが、高らかに宣言されたのである。とくに、アウガルテン開放にさいして、ヨーゼフが自らその入り口門のアーチに刻ませた、「すべての人間を尊重する者によって、すべての人間に捧げられた楽しみの場」という名句は、啓蒙君主の理想そのものをあらわす言葉として称賛され、たちまちアメリカ大陸まで知れわたった。

年ごとに建蔽率《けんぺいりつ》が上昇し、住環境が著しく悪化していく時代のなかで、広大な公共緑地の開放は、都市社会にたいして、従来の余暇習慣を大きく転換させ

●――**アウガルテン入り口**　アーチに刻まれた文句は、啓蒙君主の本質をあらわす言葉として今に伝えられる。

●――**アウガルテンの遊歩道**　公共緑地のなかでも、アウガルテンは、上層の人びとが集う優雅な場所として知られていた。

●――**プラーター**　広大な自然林であったプラーターは、ヨーゼフによる一般開放とともに、カフェや飲食店、見世物小屋が出店し、やがてあらゆる階層の住民が集う娯楽の場所へと姿を変えた。

▼アウガルテンとヨーゼフ二世
母帝の治世まで華やかな宮廷祝祭の舞台を提供しつづけた市内の王宮やシェーンブルン宮殿をきらったヨーゼフは、アウガルテンの一角に小規模な居城を築き、ここに好んで滞在した。季節を問わず、地味なフロック姿で、簡素な四輪馬車に乗ってこの場所にかようという皇帝の日課は、「啓蒙君主ヨーゼフ」のイメージをさらに強めることになった。

るほどのインパクトを与えた。プラーターとアウガルテンには、とくに夏の週末などは、馬車の大渋滞が発生するほど多くの人びとが詰めかけたという。心地よい木陰を、さまざまな社会グループがいりまじりながら、家族や友人となごやかに語らって逍遥《しょうよう》するようす、なかでも、ヨーゼフ自身が都市民とともにアウガルテンの遊歩道を歩んださま▲は、当時、ウィーンにかんする紀行文や旅行記を試みた数多くの啓蒙主義者にとって、もっとも理想的で美しい描写対象となった。

これらの緑地は、貴族と宮廷の特権的な場所から、だれもが自由に入場できる娯楽のステージへと、その社会的機能を急激に変化させた。そして、この劇的転換こそ、皇帝ヨーゼフ、さらに、その改革政治を支えた新興の知的エリート層がいだいた、伝統的な都市観とはその本質を異にする、新しい理想像を象徴するものにほかならない。緑地開放をはじめ、「国民劇場」の立上げ、また、読書室や知識人アソシエーションにたいする保護奨励などのさまざまな文化政策をつうじて、ヨーゼフ二世は、まさに、宮廷と教会を頂点に構成された、バロック時代以来の伝統的都市空間の結界を、自ら打ちくだこうとしていたのである。マリア・テレジア以降、知識階層を中心にゆっくりと受容されていった啓蒙主義的な価値観や行動規範は、こうして、新しい文化と生活様式を生み出しながら、確実に都市社会の内部へと浸透し、やがては、都市空間そのものを本質的に変化させせようとしていた。

十八世紀末のウィーン　旧市街を取り巻く市壁と斜堤、その外側に広がる新市街フォアシュタット。その周囲には防壁「リーニエンヴァル」が張りめぐらされているが、この時代、都市化はさらにこれをこえて拡大しつつあった。

③―啓蒙の都市空間

都市化の始まり

十六世紀末から十七世紀にかけて、都市ウィーンは、人口、経済ともに、まれにみる成長期に突入していた。都市に拠点をおいたハプスブルクの宮廷、さらに、カトリック教会と修道院に関連する各種組織は、国内外から高位貴族や聖職者を大量に流入させつづけた。経済・産業の局面では、これらの人びとは、その奢侈《しゃし》に満ちた生活様式をつうじて、まさに強力な消費者として機能し、他地域にはみられないような、活発な市場を形成する要因となったのである。

こうして、一世紀以上にわたって人口流入と消費活動、建物の建設が集中した結果、十八世紀には、旧市街の人口は飽和状態に達し、もはやかつてのようなダイナミックな成長はみられなくなっていた。都市中心部では、住宅の数はむしろ減少し、その一方で、官庁や公共建造物、事務所、商店などが増加する傾向にあった。

市壁にかこまれた旧市街が収容しきれなくなった都市の人口は、十八世紀半ば以降、急速にその周辺部へと流出した。都心部の住民数が停滞しはじめたのにたいし、フォアシュタット▲と呼ばれる郊外部では、一七四〇年代に約一〇万人を数えたその人口が、九〇年には一七万人に達していた。かつて、貴族の庭園離宮のほか、小規模な菜園や放牧地など、のどかな田園風景によって特色づけられたこれらの地域は、大規模な建設計画の結果、家屋数が倍増し、世紀後半には、著しく都市的な景観を呈するようになっていた。

　郊外部の都市化現象には、たしかに、住宅と都市計画についての一連の政策がかかわっていた。都心部の住宅難は、すでにカール六世時代から政府の懸念するところであった。マリア・テレジアは、工房をもつ手工業者を中心に、一部の住民層を周辺郊外部に移住させる政策を導入し、これらの地域での建設活動にたいしては、特別に免税措置を講じていた。

　市内の家賃が極端な高騰をみせていたこの時期、庶民たちは、政府の指導を待つまでもなく、生活費の安い郊外部へとその住処《すみか》を続々と移動させていた。しかし、人口流出の中心となったのは、職人や徒弟、小売業者など、都市の中下層ばかりではなかった。採光・通気の悪い都心の住宅をきらい、より快適な

▼フォアシュタット　旧市街を守る市壁、さらに、その周囲の斜堤と呼ばれる軍事用地の外側に広がる市街地(右写真参照)。古くは都市包囲戦のたびに焼きはらわれ、本格的な都市建設がなされることはなかった。しかし、オスマン帝国軍撃退以降は、防御施設をドーナツ型の空閑地として残したまま、これらの地区でも確実に家屋の建設が進行していた。

住環境を求めた上層の人びともまた、都市周辺部にその新たな生活の場を求めたのである。当時、高級官僚や富裕な資本家のあいだでは、眺望のよいテラスと庭園のついた小奇麗な住居をフォアシュタットにかまえることが、「よき趣味」とみなされていた。

都市の整序と人口政策

このように、行政と経済・産業の中枢機関が旧市街に集中して、これが、いわば一種の「シティ」となり、さらに、周囲に広がる郊外部が、住宅・工業地区としての性格をおびていくというプロセスは、いうまでもなく、十九世紀から二十世紀にかけて欧米全域で展開した、メトロポリス形成の最初の段階にほかならない。ウィーンはまさにこのとき、近代的大都市への第一歩を踏み出そうとしていたのである。都市は、人口増大と同時に、中世における本来の市域であった旧市街から、周辺の郊外部、また、やがてはその外側に広がるフォアオルト▲までも巻き込んで、確実にその領域を拡大し、しだいに「巨大都市」としての様相をあらわしつつあった。一七八〇年代には、周辺部も含めて二〇万

▼フォアオルト　一七〇四年、都市周辺におよんだハンガリー農民の反乱を機に、旧市街とそれを取り囲む「フォアシュタット」のさらに外側に、「リーニエンヴァル」という防壁が築かれた。この防壁の外側に位置する地区を「フォアオルト」と呼ぶ。

人以上の人口をかかえたウィーンは、すでにドイツ語圏最大の都市となっていた。

都市が空間的に拡張し、その人口が爆発的増大をみるようになると、行政レベルでは、都市とその住民を合理的に整序していく必要性がしだいに強く認識されはじめた。とりわけ、一七四〇年代以降、官僚たちのあいだに共通の価値観として浸透していた啓蒙思想と合理主義は、都市行政における「均一化」の理想を生み出した。すなわち、建築や道路整備など、都市構造や外観の面だけでなく、人口や公衆衛生など、都市における人間の営みの内面もまた、理性と科学の力のもとに、画一的に制御されなければならなかった。こうした見地から、十八世紀後半以降、首都では、都市空間と住民生活の徹底した組織化・体系化が進められることになった。

例えば、一七五四年、帝国においてはじめて、本格的な国勢調査が実施された。効果的な徴税のために、個々の国民についての正確な情報を収集することがここでの主目的であったが、この調査を機に、ウィーンには、新たに住民登録局が設置された。以後、ごく短期間でも、首都に滞在・居住しようとする者はすべて、ここでの登録を義務づけられることになった。住民登録局は、当初、外来者にたいする監視を任務とするなど、治安維持的な性格が強い組織であった。しかし、一七七一年、新しい徴兵令の公布にさいして、ヨーゼフ二世は、あらためて首都におけるこの行政部局にふれ、住民の人口をつねに正確に把握することこそ、「近代的行政機関にとっての必須の課題の一つ」であると宣言した。

人口政策は、いうまでもなく、当時の重商主義▲的国家政策の主眼であり、順調な人口成長は、国力増強の大前提とみられていた。住民登録局による人口調査と並行して、教区教会からの報告をもとに、都市における出生・死亡率もまた、定期的に算出され、重要な統計数値として政府によって管理された。こうして、官房学の一領域に統計研究が導入され、行政機関がその手法を駆使しながら、住民を数値データ化する作業に着手したことは、まさに、国家の利益のために国民生活全般を管理・統制するという、啓蒙専制的行政の本格的な始まりを告げるものであった。

▼**重商主義**　時代、地域により内容は多岐にわたるが、一般には、初期資本主義期における資本の本源的蓄積を推進するための諸政策・学説の総称。重商主義のドイツ的変形ともいわれる官房学では、課税の正当性、徴税技術、富国強兵、人口増大、殖産興業に重点がおかれた。

屋号をあらわす絵看板　粉屋（左）と菓子屋（右）。

「合理的都市」の理想像

人口にかんする徹底した管理体制の確立とほぼ時を同じくして、都市の空間的整序もまた、確実に進行しつつあった。すなわち、一七七〇年、マリア・テレジアは、旧市街と郊外部を画一的なルールによって統合すべく、番地制度の導入を試みた。

それまで、市街地の家屋はそれぞれ、古くからの伝承に由来する独自の屋号をもち、入り口には、これらの名称を象徴する絵看板が掲げられていた。「赤《しゃ》熊《ぐま》亭」「三鹿亭」など、由緒ある屋号とその謂《いわ》れは、当時の都市描写や旅行記においても、都市史の一主題として好んで取り上げられている。だが、都市が、旧市街のかぎられた空間から郊外部へと急速に拡大したとき、これらの屋号は、市内の特定の場所を明確に示すための指標としては、もはや機能しえなくなっていた。

番地制度は、このように、今なお混沌たる性格を強くおびていた前近代的な都市像を、決定的に変化させる契機となった。新制度は、王宮を都市の中心とみて、これを「一番地」とし、ここから外側に向かって、すべての建物にたい

「鳴り子郵便(クラッパー・ポスト)**」**
集配人が、手にした鳴り子(クラッパー)を鳴らしながら集配時刻を知らせた。郵便物のほか、伝言や買い物を頼むこともできたという。

して、算術的秩序にもとづく家屋番号を付与するものであった。このシステムにより、以後、都市空間は、家々や広場にまつわる歴史と伝説とは無縁の、家屋番号という、厳密な座標数値によって、合理的に把握されるようになったのである。

建物の内外における家屋番号の表示が義務づけられ、都市のすべての住所が斉一の法則によって秩序づけられた結果、現実の生活領域のなかにも数多くの変革がもたらされた。番地制度の導入直後に登場し、やがて都市の日常生活に不可欠の伝達手段として定着した市内郵便は、その一例にすぎない。

当時、首都と外国の諸都市を結ぶ国際郵便制度が広く利用されていたのにたいして、古い屋号の複雑さから、市内の通信には、特定の街区の事情につうじた使者を探して依頼しなければならなかった。しかし、一七七二年、政府から営業特許をえたオランダ人、ヨーゼフ・ヘルティが、旧市街と郊外部すべてを対象地域として、文書や小荷物の配達業を開始したことにより、こうした状況は一変する。ヘルティは、すべての地区で、毎日五回、決められた時間に集配人を巡回させ、しかも、一通につきわずか一クロイツァーで引き受けられた手紙は、ほぼその日のうちに宛先人に届けられたという。集配人たちが鳴り子《クラッパー》を合図に街路をめぐり歩いたことから、市内郵便は、のちに「鳴り子郵便《クラッパー・ポスト》」の愛称で親しまれるようになった。その事業としての成功が、明快な番地制度の導入と密接に連係していたことは、いうまでもない。

　都市空間の合理的整序は、このようにして、人びとの生活に直接的な影響を与えながら、やがて、住民たちが都市にたいしていだくイメージそのものを大きく変容させていった。都市ウィーンをめぐる表象の著しい転換過程は、例えば、一七七〇年代にあらわれた、都市地図の出版ブームのなかにも明らかに読み取ることができる。

　マリア・テレジアとヨーゼフ二世は、数学者ナーゲル▲ら、専門家に命じて、首都にかんする正確で科学的な測量作業を進めていた。作業の過程において、家屋番号をも記載した詳細な都市地図の原版が作成されたが、これらは、改訂をかさねながら、一般向けの都市地図として広く販売されたのである。例えば、美術出版業者アルタリア▲が一七七〇年に出版した、ナーゲル原版によるウィーン地図は、一八〇〇年までに九版をかさねるほどのベストセラーとなった。

▼ヨーゼフ・アントン・ナーゲル（一七一七〜一八〇四）　数学者・地図学者。一七七〇年、マリア・テレジアの命を受けて旧市街およびフォアシュタットの測量をおこない、縮尺二六〇〇分の一の地図を完成した。

▼アルタリア　一七七〇年、イタリア出身の銅版画販売業者、フランチェスコおよびカルロ・アルタリア兄弟が、マリア・テレジアから特許をえて開業した美術出版・販売業者。地図のほか、良質の銅版による都市景観図をあつかって利益をあげ、のち、首都最大の美術商へと成長する。

十七世紀までの、都市景観図に近い図会《ずえ》のレベルを脱して、極めて実用的な方針に従って編まれたこれらの地図が、知識階層を中心に、首都住民にとっての必需品として普及していった過程は、都市にたいする新しい意識とイメージが形成されていたことを裏づけている。すなわち、都市空間は、いまや、薄暗い袋小路や中庭にいたるまで、すべてくまなく、科学的・合理的レベルで把握し、解明することが可能な客体となっていた。最新のウィーン地図は、都市の科学的解剖図を明快に提示することをつうじて、その住民自身に向けて、こうした新しいイメージをあらためて確認させるものとしての、まさに象徴的存在であったといえるだろう。

都市をいろどる啓蒙の理想

一七七〇年の番地制度を、いわば、ハード面での都市空間の合理化プロセスとするなら、ソフト面、すなわち、都市の内部で展開されるさまざまな活動と生活においてもまた、啓蒙の理想は確実に浸透していった。

とりわけ、ヨーゼフ二世の啓蒙専制主義は、都市の生活様式や、人びとの行

●――ナーゲル原版の都市地図(一七七八年)

▼**信心会**　信仰心の高揚を目的に掲げた、一般信徒の団体。ロザリオの祈りやイエスの聖心への崇敬など、さまざまな信仰行為を実践したほか、神への献身を意図して、貧者や病人の世話、孤児の養育など、多くの慈善的事業もおこなった。

動規範をも激変させることになった。その典型的事例といえるのが、一七八〇年に始まった修道院廃止政策である。ローマ教皇に絶対的権威を認めた伝統的な信仰と教会のあり方にたいして激しく反発し、啓蒙の時代にふさわしい、新しい宗教の理想を追求していたヨーゼフにとって、祈りと瞑想のなかに日々を過ごす修道士とは、物乞いにも等しい、まさしく都市のパラサイトにほかならなかった。こうした見地から、皇帝は、その単独統治開始と同時に、国内の修道会や信心会▲をことごとく排除した。この改革の結果、オーストリア国内では、一七八六年までの七年間に、七〇〇以上の修道院が閉鎖に追い込まれたという。

ウィーン市内では、いまや、かつて市民の住宅や店舗を撤去して教会建設運動を展開した反宗教改革期とは、まったく逆のプロセスが進行していた。公営質店となった聖ドロテア修道院、東洋学アカデミーとして改築された聖ヤーコプ修道院など、廃止された修道院や礼拝堂の建物は、つぎつぎと、啓蒙主義の理想を象徴するような、世俗の公共施設へと姿を変えた。修道会を解散させ、また、教会の堂内にも踏み込んで、庶民の迷信につながるような偶像や呪物を一掃したヨーゼフのラディカルな教会改革は、こうして、カトリック教会と修道院によって規定されてきた都市空間を、啓蒙専制主義の理想に従って、徹底的に世俗化していったのである。

さらに、皇帝がいだいた新たな価値観からすれば、教会と同様、宮廷もまた、もはや都市生活を支配する中心的存在ではありえなかった。その治世をつうじて、ヨーゼフは、バロック時代に都市を席巻したような、帝室の威信を象徴する、壮大で豪華な建築プロジェクトにたいしては、まったく関心を示すことがなかったのである。都市における新たな建築活動にかんしては、なによりも、新しい時代の社会的理想をもっとも鮮明に映し出すべき、さまざまな公共・福祉施設に主眼がおかれることになった。

国家と社会の公共利益を全面に押し出した、「啓蒙専制的都市プラン」の着想の多くを、ヨーゼフは、一七七七年のフランス訪問▲のさいにえたといわれている。独自のカリキュラムをもつ聾唖《ろうあ》学校▲や、軍医養成アカデミー▲など、このとき、パリにおいて強く印象づけられた数多くの福祉・教育施設を、皇帝は、一七八〇年以降、自らの首都のなかに、しばしば帝室の私的資金を投げ打ってまで、短期間に続々と実現させた。

▼ヨーゼフ二世のフランス訪問 一七七七年四月、ヨーゼフは、フランス王家に嫁いだ実妹マリ・アントワネットおよび、その夫、ルイ十六世をたずねるために非公式にフランスに旅し、ヴェルサイユとパリに六週間滞在した。

▼聾唖学校 パリにおける同様の施設をモデルとして、一七七九年に設立された。一七八〇年代には約三〇人の子どもたちが学び、宗教教育・一般教養のほか、将来の職業訓練として、印刷・植字技術が教えられた。

▼軍医養成アカデミー 一七八五年設立。通称「ヨゼフィヌム」。ウィーン大学医学部からは完全に独立した、外科および実践医学中心の研究施設で、年間約二五〇人が軍医となるべくここに学んだ。

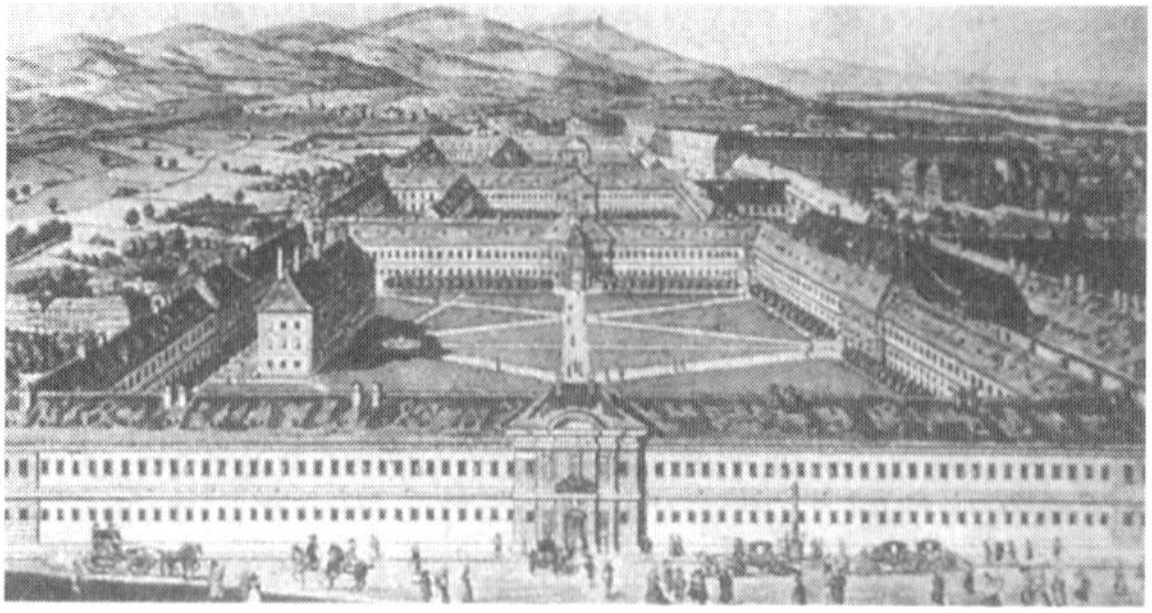

ヨーロッパ最大の規模を誇った総合病院

なかでも、一七八四年に完成した、二〇〇〇人の収容規模を誇る総合病院は、当時のヨーロッパでもっとも近代的な医療施設として知られている。かつて、病院と救貧院は明確な区別をもたず、病人や孤児、傷病兵などが、一所に区別なく集められていた。これにたいして、皇太子時代に自ら医学を学び、学問の進歩のなかで「診断」や「治療」の概念が確立される過程を直接体験したヨーゼフは、最新の医学的知識が実践される場所としての、近代的な病院設立の必要性をことさらに強調した。郊外部の巨大建築として落成した総合病院では、病人ははじめて個々の症例としてあつかわれ、医学の研究対象とみなされた。ここでは、学問的関心から、皇帝自身が診断をおこなうこともあったという。

ヨーゼフ二世のもとで集中的に設立が進んだ、各種の病院や公共産院、また、収容対象者を厳密に区別し、相互の機能が専門分化された孤児院や養老院などが、近代的公衆衛生概念が形成されるための必須の前提条件を提供したことは、いうまでもない。都市生活を支えるものは、いまや、神の力ではなく、人間の理性と学問の進歩であった。かつての宮殿や教会にかわって、これらの公共施設は、理性と科学の神話を視覚化しながら、啓蒙の時代にふさわしい、新たな

総合病院の精神病棟　円形のユニークな建物として知られるが、円周上に配置された病室を、中央の監視施設によって一括管理することを意図して設計された。その看護システムは、今日、すべてを統一的に管制するという、啓蒙専制主義の志向そのものの象徴として言及されることも多い。

都市像を結んでいったのである。

「非合理的なるもの」の排除

古今東西を問わず、都市とは、つねに、豊かさと活気に満ちた「光の部分」と、貧困や不潔などの「影の部分」とが織りなす、明暗のコントラストによって特徴づけられるものである。傷病者や浮浪児、物乞いなどは、まさしく、都市における「影の部分」を代表する存在にほかならなかった。そして、首都で実現したおびただしい数の福祉施設が明証するように、ヨーゼフ二世の社会政策は、都市のこのもっとも暗い部分を、啓蒙主義の明るい光によって照らし出し、改善しようとするものであった。たしかにここには、社会全体を根本から改革しようと企図した、啓蒙専制君主の力強い意志が認められる。しかし、その一方で、マリア・テレジアからヨーゼフ二世にいたる政策過程において、これらの暗部は、かならずしも本質的な救済を体験したわけではなかった。むしろ、これを社会的理想に反するものとして否定し、都市空間の外へと排除していく力が強力に作用していたことを、看過してはならない。

ヨーゼフ二世が自ら考案した棺　豪華な祭壇に数日間安置した亡骸を市内の墓地や教会堂内におさめるという、バロック時代以来の埋葬の方法にたいしてヨーゼフは激しく反発し、葬儀の簡素化とともに、墓地をリーニエンヴァルの外側へ移動させ、「遺体」を市街地から追放しようとした。

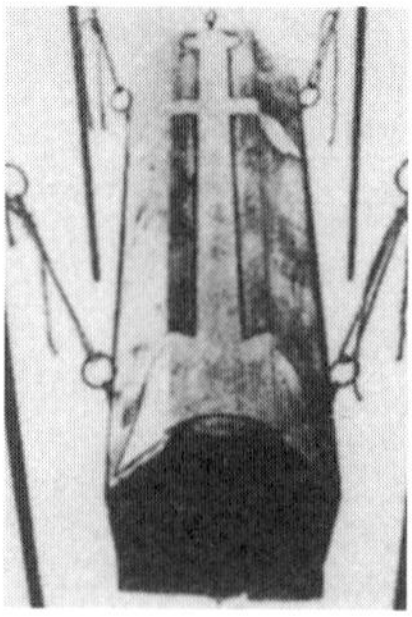

▼市内における埋葬の禁止　旧市街とフォアオルトに散在していた教会墓地での埋葬や、地下墓所への遺体の収容が、公衆衛生上、危険極まりないことは、疫病流行のたびに多くの医学者や官僚が指摘してきた。一七八三年、ヨーゼフは、リーニエンヴァルの外側に数箇所の大規模な公営墓地を設置すると同時に、この防壁の内側におけるあらゆる埋葬を全面的に禁止した。

例えば、大規模な病院や救貧施設は、一面では、かつて都市社会のなかにさまざまなかたちで共存していた病人や貧者を、徹底的に差別し、隔離する機能をもはたしていた。事実、マリア・テレジアはすでに、住所の定まらない者や放浪しながら生業をいとなむ者を、「物乞いの予備軍」として、厳しく取り締まっていた。この方針はそのままヨーゼフ時代に引き継がれ、皇帝自身も、浮浪児や貧民を「国家の利益を蝕むもの」とみなし、これを拘束して強制労働へと駆りだした。新しい救貧院の第一の目的とは、貧者や乞食を「更生」させ、労働に向かわせることであった。

　このように、十八世紀後半のウィーンでは、啓蒙思想によって貫かれた理想・価値観とはあい容れない、都市の多様な伝統的要素を、ことごとく排除するプロセスが、確実に進行しつつあった。一七八〇年代には、古くから市内に点在していた教会墓地や各種の市場、家畜の屠殺《とさつ》場などを、組織的に市街区外へと移動させる政策が継続して導入されていた。教会の地下墓地や墓穴のなかに多くの死体を積み重ねるという、かつての埋葬方式▲は姿を消し、死者は、ミサが終わるや、リーニエンヴァルの外側に新たに設けられた大規模霊園へとす

●―**都市空間の変貌**　十八世紀初頭(上)と一七七九年(下)における、シュテファン聖堂近くのシュトック・イム・アイゼン広場。かつて、あらゆる種類の貨物を積んだ馬車がゆきかい、露店を広げた商人が賑やかに声をかけあった市内の広場は、着飾った散策者が静かに歩む、清潔で洗練された場所へと姿を変えた。

みやかに搬送されるようになった。

また、旧市街の広場で、巨大な桶を広げた魚売りの女たちが賑やかに呼び声をあげるという、古来の都市の日常風景も、この時期にはすでに過去のものとなっていた。肉や魚を商う露天商人は、その臭気や衛生上の理由から、「排除の図式」における最初の標的となったからである。

病と死、貧困、不潔や喧騒は、このようにして、理性と科学を信奉して生きるべき「近代の都市民」の生活圏から除外され、彼らの目の届かない場所へと押しやられていった。もちろん、その結果、都市の生活環境と衛生状態が飛躍的に改善したことは、いまさら指摘するまでもない。しかし、とりわけここでは、一連の政策が、まさに、啓蒙専制主義という確固たるイデオロギーのもとに、「上からの改革」という手段によって画一的に進められた、都市空間の再構築プロセスであったことに注目しておきたい。

ヨーゼフは、非合理性に満ちた伝統的な都市を、啓蒙主義の理想にかなった、清潔で安全な生活空間へと転換させることを企図していた。都市空間と人びとの生活を秩序づけるために、数多くの制度が新規に導入された一方で、この理想に反するものは、容赦なく排除され、切り捨てられた。こうして、「新しい都市」は、もはや、中世以来の、混沌としたエネルギーを秘めた有機的構成物などではなく、人間の英知をつくしてつくりあげられた、合理的秩序と科学的法則性が支配する、一種の「巨大な機械」として構想されたのである。

④—近代的都市生活の成立

近代的時間概念と生活様式の多様化

都市をめぐる空間的・制度的改変、新しい都市イメージと住民自身の意識変化は、人びとの生活様式にも確実に影響を与えることになった。実際、同時代に書かれた数多くの都市描写が証言するように、十八世紀後半において、都市の日常風景は、これまでにない活気とダイナミズムにあふれるものとなっていた。

啓蒙専制主義の都市行政は、一面においてはたしかに、都市を画一的に秩序立て、支配していくことを企図していた。だが、一連の政策が都市にもたらしたさまざまな更革は、他方、都市の生活や住民の営みを、著しく多様化させる結果にもつながった。例えば、日照時間やミサの開始時刻、時の鐘などがつかさどる、「均質な時間」のあり方に終止符を打ったのもまた、十八世紀の制度改革であった。この時代、国民の労働効率化の必要性をことさらに強調した重商主義的な経済プログラムは、かつて教会が労働行為を禁じ、祈りのなかに過ごすべしと定めた宗教上の祝日▲を、段階的に削減した。ここでは、たんに、労働日数が増大したばかりではなかった。同じ見地から、工房でも役所でも、労働時間が厳密に定められ、礼拝や私用のために数時間にわたって勤務を中断するという従来の慣習的行為▲にたいしては、新たに減俸処分や法的制裁が講じられるようになった。

このようにして、いまや、人びとの日常生活において、労働時間と非労働時間が明確に整序され、区分されて、どの職種においても、明らかな労働の集中化が進行しつつあった。しかし、このことは、決して、都市社会における労働時間の画一化を意味してはいなかった。宗教上の祝日や毎日の礼拝という共通の時間的指標が、かつての絶対的影響力を喪失した結果、都市ではやがて、職業や社会階層によって相互に異なる、多様な時間サイクルが交錯するようになったのである。

都市の日常は、ほぼすべての住民が日の出とともに起床し、早朝ミサによって一日の活動をスタートさせ、夕べの鐘を聞いて家路につくという、かつての一様で等質な光景からは、すでに遠くかけ離れたものとなっていた。例えば、

▼宗教上の祝日　十八世紀前半のオーストリアでは、ミサを義務づけられた宗教上の休日が、日曜日を含めて年間八〇日以上におよんだという。マリア・テレジアは、一七七〇年代までに、その数を約半数に縮減した。

▼前近代の労働パターン　かつては、実質的な労働は時間的に規律化されることはなく、飲食や散歩、遊戯、訪問など、さまざまな非労働行為が、労働を中断するかたちでおこなわれていた。こうした労働形態は、プロテスタンティズムと啓蒙思想による新たな労働倫理の波及にともなって、徐々に改められたが、地域によっては二十世紀初頭まで残存した。

▼**カロリーネ・ピヒラー**（一七六九～一八四三）　十九世紀初頭に活躍した郷土作家。マリア・テレジアからヨーゼフの治世下に過ごした少女時代にかんする回顧的著作は、啓蒙期ウィーンにおける上層市民階層の日常世界を伝える史料として価値の高いものである。

女流作家ピヒラー▲は、まさに一七八〇年代当時において、静かな主婦の暮しのなかにすら、家族それぞれの職場や学校の始業・終業時間、郵便物の集配時刻、馬車の到着時間など、異なった時間パターンがいりみだれ、生活そのものが雑多であわただしいものに変わっていったさまを、感慨を込めて回想している。

こうして、だれもが従うべき単一の基準がしだいに消滅し、都市生活全体が、やがて新しい時間概念によって支配されるようになった過程を、もっとも鮮明に象徴するものが、市門の終夜開放措置であった。

市門の開放

中世においては、ウィーンもまた、他のヨーロッパ都市と同様、市壁によって厳密に外界から区切られた、限定的な空間であった。市域に入場しようとする者はみな、都市をぐるりとかこむこの城壁の、周囲数箇所に設けられた市門を通過しなければならなかった。都市世界の閾《しきい》をしるしたこれらの門は、日の出とともに開かれ、日没とともに閉ざされるのがならいであった。市門の閉鎖とともに、外部との往来は完全に遮断され、人びとはその日の仕事を終えて休息についた。市内では、治安維持上の理由から、市門閉鎖後の外出は禁じられ、都市警備兵によるパトロールがおこなわれた。

このように、ミサや時の鐘と並んで、市門はかつて、都市の時間を画一的に区切る絶対的指標として機能していた。そして、ここに象徴されるものは、まさに、太陽の明るさ、日の長さという自然条件に依存した、伝統的な都市生活のあり方である。十八世紀初頭、市門開閉のときは、ようやく、「日の出」・「日没」ではなく、具体的な時刻によって示されるようになったが、これらはなお、日照時間に準じて決定されたものであり、市門が開放されている時間の長さには、夏期と冬期とで約八時間もの較差があったという。

一七八〇年、首都行政にかんする近代的改革の一つとして、ヨーゼフ二世が市門の終夜開放▲を決定したことは、やはり、ここに人びとの生活様式の明らかな転換が起きていたことを裏づけるものである。都市が成長・拡大するにつれて、夜間における市門の全面閉鎖は、すでに多くの不都合を生み出していた。十七世紀半ばには、閉門後でも、一定の通行料を支払えば市門通過が可能になっていたが、その後も郊外部に居住する都市民の数はますます増大し、貴族や

▼市門の終夜開放　市門閉鎖と通行料徴収にたいする反発にこたえて、ヨーゼフはすでに一七七二〜七四年にかけて、冬季の閉門時間を夏季と同じ午後十時まで延長するという、時間的平準化を試験的に導入していた。この措置が市壁の内外に居住するあらゆる階層の住民から強い支持を受けたことから、一七八〇年、皇帝は、すべての市門を、帝国陸軍兵士による警備のもとに、終夜開放することを決定した。

市壁と市門　市門はかつて、日没と同時に閉ざされ、これとともに都市生活そのものが眠りについた。

上層市民たちもまた、閉門の制度そのもの、さらに通行料の徴収にたいして、激しく反発した。一七八〇年の法令は、ついに、この通行料の全面的な撤廃を指示したのである。

市門開放を求める都市民の強い要望と、これにこたえたヨーゼフの決定は、都市の空間的拡大の結果としてもたらされたものにほかならない。本来、都市世界にとっての「外界」であったはずの郊外部は、その急速な都市化をつうじて、社会的にも経済的にも旧市街との緊密な関係におかれ、事実上、都市の一部となっていた。しかし、市門の開放措置は、こうした空間的拡張と同時に、都市の活動が、夕方から、さらに夜へと、時間的レベルにおいてもまた、徐々に広がりをみせつつあった事実を示唆している。

夜の発見

とりわけ、労働時間・非労働時間の厳密な区分は、人びとの気晴らしと休養、娯楽のための時間を、終業後の夜間へとシフトさせていた。例えば、改革政治を支えた辣腕《らつわん》官僚の一人、ゾンネンフェルスは、自ら編纂《へんさん》した道徳週刊雑誌の

プラーターの花火　春から夏の宵、プラーターでおこなわれた花火興行は、都市の風物詩として広く親しまれた。ニコライ(九頁参照)は、首都滞在中、すべての知人から、「決して見のがすべきではない最大のアトラクション」として、花火見物を勧められたという。花火は仕掛け式で、図の右端に骨組みの一部が見える。

なかで、「昼間は公益のために身を粉にして労働し、夜には自らの楽しみと寛《くつろ》ぎのときを過ごす」という暮し方を、臣民が実践すべき理想的な生活様式として描いている。日没とともに就寝するという慣習はもはや時代遅れとなり、都市民のあいだには、まさに陽が沈むころ、劇場やカフェ、サロンを訪れ、花火見物のためにプラーターへと向かうことが、新たな風儀として定着していたのである。

人びとが「夜」のなかに新たな活動時間を見出していく過程において、夜間照明の本格的な導入が、なによりも決定的な役割をはたしたことは、いまさら指摘するまでもない。ウィーンでは、一七七七年、従来、個々の家屋所有者の責任で灯されてきた薄暗い獣脂ランプにかわって、統一的な規格をもつ、灯油式の街灯が導入されていた。旧市街全域に、六歩ごとの間隔で設置されたこれらの照明灯は、季節や月の満ち欠けを問わず毎日、日没とともにいっせいに点灯され、深夜一時に消灯されるまで、すべての街路を明るく照らした。パリでもベルリンでも、月の明るい夜は街灯が灯されなかった当時、ウィーンの夜間照明は、模範的なケースとして称賛をあびた。一七八〇年代にはさらに、郊外

▼ヴェンツェル・アントン・カウニッツ侯爵(一七一一～九四)　カール六世からマリア・テレジア、ヨーゼフ二世、さらにレオポルト二世にいたる四代の君主に仕えた政治家。革新的な合理主義、啓蒙思想を標榜し、オーストリアにおける啓蒙主義的改革政治の実質的なブレーンとなった。

部でも、段階的に同様の照明が導入されている。

かつて、「人殺しと亡霊が跋扈《ばっこ》する時刻《とき》」として恐れられた日没後の夜の時間は、こうして、しだいに昼間とのコントラストを喪失し、人びとの生活時間として「発見」されていったのである。夕闇に包まれたあとも、都市は決して眠りにつくことなく、街灯によって煌々《こうこう》と照らし出され、市門はもはや、仕事を終えたあと、郊外の民衆劇場やビアハウスに享楽を求めるウィーン子たちの往来を妨げるバリアとはならなかった。

当時、上流階級を中心に、昼食の時間が正午から午後へと大きくくずれこんでいったことは、こうした「夜の発見」がもたらした、一つの典型的な結果といえるだろう。高級官僚が集う定食屋はようやく午後一時過ぎから賑わいを見せはじめ、また、その招待状が上層知識人のあいだでステイタスとみられていたカウニッツ侯爵▲の「昼食会」は、開始時刻を午後五時と決めていた。遅い昼食時間は、都市民が身につけた、新たな「夜型の生活パターン」を示唆する現象にほかならない。日没から深夜にかけて、人びとは日々、この交際と趣味、快楽のための時間を、文字どおり楽しみつくしたのである。

都市生活における消費文化の浸透

いうまでもなく、夜に楽しみの時間を見出す新しい生活様式を率先して実践したのは、まずなによりも、経済的・時間的余裕に恵まれた、上流の人びとであった。彼らの優雅な生活の一方で、都市にはなお、ほぼ日の出とともに始業し、早い時間に床につく人びとが、多数存在したことを看過すべきではない。しかし、近代化の精神に貫かれ、未曾有の転換を体験しつつあった都市社会のなかで、より大きな空間的・時間的可動性を実現しながら、自らの生活を豊かで変化に満ちたものにしていったのは、決して、一部の上層グループだけではなかった。

当時のウィーンでは、近代の流行やモードの概念へと確実につながっていく、一種の社会的伝達様式が生み出されつつあった。すなわち、まず上流階級が紡ぎ出した新しく快適な生活様式が、短期間のうちに、確実に都市の中下層へと受け継がれていったのである。

例えば、都市郊外部での「遠足」も、その例外ではなかった。元来それは、二頭立ての瀟洒《しょうしゃ》な馬車に上等の食材を積み込んで、北西部の丘陵地帯やドナウ河畔の小村などで余暇を過ごした、上層知識人たちの贅沢な習慣であった。ところがまもなく、干草運搬用の無蓋《むがい》車両を改造して、毎週末、庶民たちを市外の緑地へと運ぶ馬車便が登場し、大盛況をみることになった。また、アルコールにかわってコーヒーを飲む習慣▲は、大麦などを炒った「代用コーヒー」として、庶民層によって模倣された。「コーヒー紛《まが》い」は、当時ようやく価格がさがりはじめた砂糖で甘みをつけ、街路のスタンドで、小さなパンと合わせてわずか一クロイツァーで提供されたという。これらは、やがて、都市の労働者層にとって欠かせない朝食となる。

かつて厳しい身分制度が支配した宮廷都市ウィーンにおいて、今、上流の人びとだけでなく、都市のより広い階層が等しく豊かな消費生活を享受するようになっていた。そして、こうした新しい社会現象の、その第一の前提条件となったのは、一般庶民の奢侈《しゃし》を禁止する法令、とりわけ、服装規定の廃止であった。

中世以来、ほぼヨーロッパ全域でみられた奢侈禁止令は、一般に、道徳的な

▼コーヒーの飲用習慣　安全で上質な飲用水の供給が困難であったため、近世まで、都市部では、社会層や年齢を問わず、ワインまたはビールが日常的な飲料として定着していた。十八世紀になると、これにかわって、酩酊ではなく覚醒をもたらすカフェイン飲料、すなわち茶やコーヒーが、「理性の時代」を象徴する新しい飲物として上層階級を中心に普及していく。ウィーンでは、茶が根づかなかったのにたいし、コーヒーはたちまち都市の中下層にまで広まった。

「遠足」の目的地として人気を呼んだ、ドナウ河畔の小村、ヌスドルフ　ブドウ畑が広がり、秋には、若いワイン(モスト)の試飲も人びとの楽しみの一つとなっていた。

見地から人びとの贅沢をいましめることを意図したものであった。しかし、とりわけウィーンでは、その重点はむしろ、生活様式や服装をつうじて、身分的差異を明確にすることにおかれていた。十七世紀には、さらに、外国製品の消費を抑えるという経済政策的な動機も加わって、身分によって着用可能な布の価格や、縁取りに用いる絹やビロードの量などが、細かく定められたのである。その結果、バロック時代のウィーンでは、服装とは、個々人の身分や位階を明瞭に顕示する、一種の社会的表徴となっていた。

　ところが、マリア・テレジア以降の国内産業保護政策のなかで、奢侈にたいする禁圧は、国産品の消費と国内の貨幣流通を阻害する要因として、はじめて批判の対象となる。とくに、啓蒙主義の薫陶《くんとう》を受けた官僚グループは、自然権的な理想に立ちながら、個々の臣民にたいして、それぞれの財の用途を自らの意志で決定する自由を認めようとしたのである。こうした時流を受けて、マリア・テレジアは、ついに一七六三年、服装規定の全面廃止に踏みきった。以後、帝国では、すべての臣民が、身分の別なく、その財力の許すかぎり、望むものを自由に身に着けることが可能になった。

鬘屋　一七六〇年代以降、首都では、理髪業、仕立屋をはじめ、モード産業が未曾有の隆盛期を体験した。

社会的平準化とモード

すでに一七八〇年代のウィーンでは、「衣の贅沢」は、この土地に特有の精神性の一部として知られていた。当時の風俗描写は、小間使い娘が絹タフタを着てミサにかよい、また、郊外部に住む手工業者の妻や娘が、伯爵夫人と見紛うような形《なり》でプラーターを散策するようすを、詳細に描き出している。庶民層にまでおよんだ奢侈の習慣は、大都市に暮す人びとの不道徳性と、その物質至上主義的な生活態度を表徴する現象として、とりわけプロテスタント・ドイツの知識人によって、激しい非難をあびせられることになった。

しかし、都市の中下層が、衣服をはじめとして、活発な消費行動を展開するようになったことは、明らかに、当時のウィーンで進行していた社会的平準化の一つの徴候にほかならない。すなわち、約半世紀にわたって、都市生活のあらゆる局面で実践された合理化・近代化の結果、ヨーゼフの治世には、かつて服装をつうじて明快に視覚化されたはずの身分的ヒエラルキーそのものが形骸化し、社会的影響力を喪失しようとしていたのである。

公共緑地に象徴されるように、都市はもはや、さまざまな身分的特権によっ

●—**スペイン風式服を着たヨーゼフ二世**　ヨーゼフは、ほぼ政権に就くと同時にこの正装を廃止した。肖像画のモデルとなるときも、二〇頁の図のように軍服を身に着けることが多く、式服姿のものは極めてめずらしい。

●—**当時のモード図会より**　小間使い娘(上)と料理女(下)。服装規定の廃止にともなって、家事使用人の女性たちの、職業・身分的な常識をこえた贅沢な身なりが社会的批判の対象となり、しばしばパンフレットの話題としても取り上げられた。

て厳密に区切られた空間ではなかった。のちの民主主義や社会的平等の概念からはなお大きくへだたっていたとはいえ、雑多な階層がいりまじり、接近することにより、伝統的な身分の境界が、ここに、確実に大きくゆらぎつつあったのである。そして、十七世紀以来、ハプスブルクの宮廷で正装として定められてきたスペイン風式服▲を廃止し、官吏たちと同じ種類のフロックコートを愛用したヨーゼフ二世は、このような新しい都市社会の傾向を、自ら進んで体現しようとしたにすぎない。

社会全体を巻き込んで展開した豊かな消費活動は、都市生活そのものに活気を与え、そのテンポをますます加速させることになった。都市で発行される新聞は、あらゆる種類の新製品を紹介する「広告欄」を、年ごとに拡充しつづけていた。また、都市景観図を刷り込んだ扇子の考案をつうじて商業的成功をえた銅版画家、レッシェンコール▲をはじめ、都市民の嗜好や趣味を鋭く読み取っては新しい流行をつくりだす、多くの「モード関連業者」が、いまや産業界をリードする存在へと成長しつつあった。

こうして、消費文化と物質文明は、宮廷と教会を頂点にいただくかつてのバ

▼スペイン風式服　マントと羽つきの帽子、ベルト、リボン、色違いの折返し、膨らみのあるズボンの一式からなる正装で、宮廷儀式や正式の謁見にさいして、君主や貴族はこれを着用するものと決められていた。ヨーゼフは一七六六年、宮廷関係者の反対を押しきってこの式服を廃止した。

▼ヒエロニムス・レッシェンコール（一七五三〜一八〇七）　銅版画家・美術出版業者。一七八〇年ころから、都市のニュースや流行を描いた銅版画による一種の「瓦版」を売り出して大成功をおさめた。マリア・テレジアの最期を描いた作品は、数日のうちに七〇〇〇部を売り切ったといわれる。その後、扇やボタン、香水瓶など、銅版画を原画とするさまざまな図案をあしらった小物や装身具の製造を手がけ、ウィーンのモード産業の草分け的存在となる。

レッシェンコールの出世作となった『マリア・テレジア最期のとき』（一七八〇年）

ロック的基底文化にかわって、今、おびただしい数の雑多な住民が、身分の差なく寄り集まって暮すという、新しい都市のあり方を象徴しながら、都市社会と人びとの生活をその根本から特色づける基軸となったのである。

近代的メトロポリスの誕生

ウィーンにかんする旅行記や、また、首都をめざして旅立つ人びとを対象に書かれた各種の案内書は、今日、かつての都市のありさまを知ろうとする者にとって、このうえなく重要な史料である。そして、十五世紀以来、記述形式などの点で確固とした様式を形成しつつ発展したこれらの記録が、十八世紀後半になって、その描写対象と文体を著しく変化させたことは、決して文学形式上の問題としてのみ説明できる現象ではない。すなわち、一七八〇年代、旅行作家たちは、その主題を、都市の歴史や重要な建造物から、都市住民の具体的な生活場面へと移すべく、自らの視点をマクロからミクロへと劇的に転換させていった。そして、このとき、都市における消費生活と流行・モードは、彼らにとっての最大の関心事となったのである。

レッシェンコールによる銅版画入り扇子　都市景観図や季節のモチーフ、また、最新ニュースなどの銅版画をあしらった扇子をウィーンではじめて販売し、大好評を博した。写真は、一七八三年、モロッコ大使のウィーン訪問にちなんだもの。

新しい都市描写の作家たちが、地理的立地や風土、都市構造など、「不変の事象」に背を向け、無常迅速な都市生活の細部をまるで活画のように写し取る作業に専念したことは、まさに、この時代、都市とその社会そのものが、急速に本質的な変化をとげていたことを明証するものである。都市はもはや、その久遠の歴史のなかに教会や皇帝の絶対的権威を正当化する、万古不易《ばんこふえき》の象徴としての存在ではありえなかった。

作家たちが描出を試みたのは、社会的にも文化的にも著しく多様な要素を内包し、また、日々、新しい因子を巻き込みながら、すさまじいスピードで変転する、新しい都市の姿なのである。物質的な豊かさと消費活動、社会の開放性、人びとの自由かつ多様な行動パターン。十八世紀末ウィーンの特質としてここに描かれた諸局面が、やがて、一方ではさまざまな新しい社会問題をも生み出しながら、近代的メトロポリスの基本的特徴へとつながっていくプロセスについては、あらためて指摘するまでもない。

マリア・テレジアの即位に始まり、一時は「哲学王」とまで称賛されたヨーゼフ二世によって引き継がれた啓蒙専制的改革と近代化の過程は、フランス革

首都の「モード狂」を風刺したカリカチュア

命を待たずして、すでに一七八〇年代後半には、著しい自家撞着《じかどうちゃく》を露呈していた。そして、旧態依然のハプスブルク帝国を、一気に近代的国家の典型へと変貌させるかにみえた改革プログラムには、一七九〇年、皇帝ヨーゼフの死をもって、その所期の目的が達成されないまま、終止符が打たれたのである。

人間の自由と平等を理想として掲げた啓蒙思想と、絶対主義的専制制度の両立という、逆理のイデオロギーは、たしかに、本質的に実現不可能な理念であった。しかし、約半世紀にわたる啓蒙専制的統治を貫いた近代化と合理化の精神は、すでに十八世紀末には近代的大都市としての特徴を顕著にしつつ、十九世紀にかけて、パリとロンドンにつぐメトロポリスへと成長していったウィーンの都市空間、その都市文化の諸相のなかにはっきりと刻印されることになったのである。

参考文献

ポール・アザール（小笠原弘親他訳）『十八世紀ヨーロッパ思想――モンテスキューからレッシングへ』行人社　一九八七年
ウルリヒ・イム・ホーフ（成瀬治訳）『啓蒙のヨーロッパ』平凡社　一九九八年
エンゲルハルト・ヴァイグル（三島憲一他訳）『啓蒙の都市周遊』岩波書店　一九九七年
上田浩二『ウィーン――「よそもの」がつくった都市』（ちくま新書）筑摩書房　一九九七年
江村洋『ハプスブルク家』（講談社現代新書）講談社　一九九〇年
江村洋『ハプスブルク家の女たち』（講談社現代新書）講談社　一九九三年
ノルベルト・エリアス（波田節夫他訳）『宮廷社会』法政大学出版局　一九八一年
菊池良生『戦うハプスブルク家――近代の序章としての三十年戦争』（講談社現代新書）講談社　一九九五年
パウル・クリストフ（藤川芳朗訳）『マリー・アントワネットとマリア・テレジア、秘密の往復書簡』岩波書店　二〇〇二年
ピーター・ゲイ（高橋百合子訳）『モーツァルト』（ペンギン評伝叢書）岩波書店　二〇〇一年
高橋安光『旅・戦争・サロン――啓蒙思想の底流と源泉』法政大学出版局　一九九一年
丹後杏一『ハプスブルク帝国の近代化とヨーゼフ主義』多賀出版　一九九七年
ポール・ノードン（安斎和雄訳）『フリーメーソン』（文庫クセジュ）白水社　一九九六年
ユルゲン・ハーバーマス（細谷貞雄他訳）『公共性の構造転換――市民社会の一カテゴリーについての探求』未来社　一九七三年

原研二『十八世紀ウィーンの民衆劇――放浪のプルチネッラたち』法政大学出版局　一九八八年
ミシェル・パルティ（海老沢敏監修、高野優訳）『モーツァルト――神に愛されしもの』（知の発見叢書）創元社　一九九一年
平田達治『ウィーンのカフェ』大修館書店　一九九六年
広瀬佳一編『ウィーン・オーストリアを知るための五十章』（エリア・スタディーズ）明石書店　二〇〇二年
ヴェレーナ・フォン・デア・ハイデン・リンシュ（石丸昭二訳）『ヨーロッパのサロン――消滅した女性文化の頂点』法政大学出版局　一九九八年
マックス・フォン・ベーン（永野藤夫他訳）『十八世紀から一九一〇年まで』（モードの生活文化史2）河出書房新社　一九九〇年
マックス・フォン・ベーン（飯塚信雄他訳）『ドイツ十八世紀の文化と社会』三修社　二〇〇一年
W・H・ブリュフォード（上西川原章訳）『十八世紀のドイツ――ゲーテ時代の社会的背景』三修社　二〇〇一年
南塚信吾編『ドナウ・ヨーロッパ史』（新版世界各国史19）山川出版社　一九九九年
湯浅慎一『フリーメイソンリー――その思想、人物、歴史』（中公新書）中央公論社　一九九〇年
ペーター・ラーンシュタイン（上西川原章訳）『ゲーテ時代の生活と日常――証言と報告一七五〇～一八〇五年』法政大学出版局　一九九六年
アン・ティツィア・ライティヒ（江村洋訳）『女帝マリア・テレジア』上・下　谷沢書房　一九八四年
Leslie Bodi, *Tauwetter in Wien. Zur Prosa der österreichischen Aufklärung 1781–1795*, Frankfurt a. M. 1977
Sylvia Mattl-Wurm, *Wien vom Barock bis zur Aufklärung*, Wien 1999

Gerhard Tanzer, *Spectacle müssen seyn. Die Freizeit der Wiener im 18. Jahrhundert*, Wien 1992

Erich Zöllner (Hrsg.), *Österreich im Zeitalter des aufgeklärten Absolutismus*, Wien 1983

Österreich im Europa der Aufklärung. Kontinuität und Zäsur in Europa zur Zeit Maria Theresia und Josephs II. (Internationales Symposion in Wien 20.–23. Oktober 1980), Wien 1985

図版出典一覧

Volkmar Braunbehrens, *Mozart in Wien*, München 1997	46左
Felix Czeike, *Wien. Geschichte in Bilddokumenten*, München 1984	22, 51下
Der Kaufruf in Wien. 40 Wiener Typen nach dem Kupferstichwerk aus dem Jahre 1775, Wien o.J.	カバー裏
Johann Friedel, *Briefe aus Wien verschiedenen Inhalts an einen Freund in Berlin*, Leipzig und Berlin 1783	32
Gustav Gugitz, *Das Wiener Kaffeehaus. Ein Stück Kultur- und Lokalgeschichte*, Wien 1940	38
Franz Hadamowsky, *Wien. Theatergeschichte*, Wien 1988	45上
Fred Hennings, *Das Josephinische Wien*, Wien 1966	19下
Ulrich Im Hof, *Das Europa der Aufklärung*, München 1993	4
Alois Jesinger, *Wiener Lekturkabinette*, Wien 1928	35
Sylvia Mattl-Wurm, *Wien vom Barock bis zur Aufklärung*, Wien 1999	11, 19中, 24, 41, 46右, 54, 59, 60, 63, 66, 67, 68, 82, 83左上下
Österreichische Nationalbibliothek, Bildarchiv	51中, 69, 76, 77, 81
Johann Pezzl, *Skizze von Wien: Ein Kultur- und Sittenbild aus der josephinischen Zeit. Mit Einleitung, Anmerkungen und Register*, hrsg. v. Gustav Gugitz und Anton Schlossar, Graz 1923	20, 28, 45下
Joahim Schondorff (Hrsg.), *Aufklärung auf Wienerisch*, Wien 1980	87
Hans Tieze, *Alt-Wien in Wort und Bild*, Wien 1924	51上
Karl Vocelka, *Glanz und Untergang der höfischen Welt. Repräsentation, Reform und Reaktion im Habsburgischen Vielvölkerstaat*, Wien 2001	19上, 21, 23, 42, 78, 83右, 85, 86
ユニフォトプレス提供	カバー表
著者提供	扉

世界史リブレット㉔

啓蒙都市《けいもうとし》ウィーン

2003年10月25日　1版1刷発行
2021年10月25日　1版4刷発行

著者：山之内克子《やまのうちよしこ》

発行者：野澤武史

装幀者：菊地信義

発行所：株式会社 山川出版社

〒101-0047　東京都千代田区内神田1-13-13
電話　03-3293-8131(営業)　8134(編集)
https://www.yamakawa.co.jp/
振替　00120-9-43993

印刷所：明和印刷株式会社

製本所：株式会社 ブロケード

世界史リブレット　第Ⅰ期［全56巻］

〈すべて既刊〉

1 都市国家の誕生
2 ポリス社会に生きる
3 古代ローマの市民社会
4 マニ教とゾロアスター教
5 ヒンドゥー教とインド社会
6 秦漢帝国へのアプローチ
7 東アジア文化圏の形成
8 中国の都市空間を読む
9 科挙と官僚制
10 西域文書からみた中国史
11 内陸アジア史の展開
12 歴史世界としての東南アジア
13 東アジアの「近世」
14 アフリカ史の意味
15 イスラームのとらえ方
16 イスラームの都市世界
17 イスラームの生活と技術
18 浴場から見たイスラーム文化
19 オスマン帝国の時代
20 中世の異端者たち
21 修道院にみるヨーロッパの心
22 東欧世界の成立
23 中世ヨーロッパの都市世界
24 中世ヨーロッパの農村世界
25 海の道と東西の出会い
26 ラテンアメリカの歴史
27 宗教改革とその時代
28 ルネサンス文化と科学
29 主権国家体制の成立
30 ハプスブルク帝国
31 宮廷文化と民衆文化
32 大陸国家アメリカの展開
33 フランス革命の社会史
34 ジェントルマンと科学
35 国民国家とナショナリズム
36 植物と市民の文化
37 イスラーム世界の危機と改革
38 イギリス支配とインド社会
39 東南アジアの中国人社会
40 帝国主義と世界の一体化
41 変容する近代東アジアの国際秩序
42 アジアのナショナリズム
43 朝鮮の近代
44 日本のアジア侵略
45 バルカンの民族主義
46 世紀末とベル・エポックの文化
47 二つの世界大戦
48 大衆消費社会の登場
49 ナチズムの時代
50 歴史としての核時代
51 現代中国政治を読む
52 中東和平への道
53 世界史のなかのマイノリティ
54 国際体制の展開
55 国際経済体制の再建から多極化へ
56 南北・南南問題

世界史リブレット　第Ⅱ期［全36巻］

〈すべて既刊〉

57 歴史意識の芽生えと歴史記述の始まり
58 ヨーロッパとイスラーム世界
59 スペインのユダヤ人
60 サハラが結ぶ南北交流
61 中国史のなかの諸民族
62 オアシス国家とキャラヴァン交易
63 中国の海商と海賊
64 ヨーロッパからみた太平洋
65 太平天国にみる異文化受容
66 日本人のアジア認識
67 朝鮮からみた華夷思想
68 東アジアの儒教と礼
69 現代イスラーム思想の源流
70 中央アジアのイスラーム
71 インドのヒンドゥーとムスリム
72 東南アジアの建国神話
73 地中海世界の都市と住居
74 啓蒙都市ウィーン
75 ドイツの労働者住宅
76 イスラームの美術工芸
77 バロック美術の成立
78 ファシズムと文化
79 オスマン帝国の近代と海軍
80 ヨーロッパの傭兵
81 近代技術と社会
82 近代医学の光と影
83 東ユーラシアの生態環境史
84 東南アジアの農村社会
85 イスラーム農書の世界
86 インド社会とカースト
87 中国史のなかの家族
88 啓蒙の世紀と文明観
89 女と男と子どもの近代
90 タバコが語る世界史
91 アメリカ史のなかの人種
92 歴史のなかのソ連